아들아, 이렇게 살아라

아들아, 이렇게 살아라

배안호 선교사가 이 땅의 청년들에게
전하는 삶의 잠언들

배안호 지음

국민북스

신앙 ... 예수님 대학(Jesus College)에서 졸업은 없다

일터 ...문제가 아니라 하나님을 바라봐라

인생 ...영원한 것에 인생을 투자해라

프롤로그

　　나는 제자나 후배가 스승이나 선배보다 낫다는 뜻을 가진 청출어람(靑出於藍)이라는 사자성어를 매우 좋아한다. 사실상 이 땅의 모든 부모는 자녀에게 있어 첫 번째 선생이요 인생의 선배다. 나는 소년 시절부터 교육에 많은 관심을 갖고 있었고, 초등학교 교사가 되는 것이 당시 나의 꿈이었다. 시골 초등학교 시절에 라디오를 통해 흘러나오는 '섬마을 선생님'이라는 노래 가사를 너무나 좋아했다.

　　"해당화 피고 지는 섬마을에/ 철새 따라 찾아온 총각 선생님/ 열아홉살 섬색시가 순정을 바쳐/ 사랑한 그 이름은 총각 선생님/ 서울엘랑 가지를 마오 가지를 마오"(1절 가사)

　　나는 이 노래를 수도 없이 부르며 그 총각 선생님이 되고 싶었다. 한 교실에서 엄청난 가능성을 갖고 있는 학생들에게 전 과목을 가르치는 초등학교 선생님! 그 시절 고향 뒷산에서 소먹이며 높은 산에 올라가서 즐겨 부르던 노래들이 지금은 찬송으로 바뀌었다. 초등학교 시절의 교사에 대한 꿈은 일평생 말씀을 가르치는 목사와 선교사를 통해 200% 성취된 것이다.

중고등학교 시절에 나는 계속 진리를 찾았다. 그 당시에 나는 이 세상 어디엔가 모든 인간이 따라서 살아야 할 바른길이 있을 것이라고 생각했다. 인생의 바른 삶의 길(道)을 제시하는 모델이 되는 스승을 찾고 찾았다. 내 주위에 이 갈망에 대답해 줄만한 어른이나 선생님들을 찾아보았다. 그리고 끊임없이 생각했다. '인간은 왜 사는가?' '어떻게 살아가는 것이 바른 인생인가?' '진리가 있다면 어디에 있을까?' 진리를 찾기 위한 고통과 번민, 방황의 나날들을 보내다가 성경을 읽으면서 길과 진리, 생명을 분명하게 찾게 되었다. 당시에 내 주위에는 전도하는 자도, 나의 심각한 내적 방황을 눈치채는 사람도 없었다. 그러나 성경 속에 답이 있었다. 처음엔 성경의 허구를 밝히기 위해 비판적으로 읽었다. 그러나 읽으면 읽을수록 성경은 결코 허구가 아니라는 사실을 깨닫게 되었다. 성경을 읽으며 길과 진리, 생명 되시는 주 예수 그리스도를 만났다. 그래서 나의 내적 방황의 여정은 끝났다. 성경을 통해 주님을 만난 이후 나는 생명 넘치는 새로운 길을 평생 걸어갈 수 있었다.

기독교는 결코 종교가 아니다. 이 땅에는 자기 나름의 생명과 진리의 도를 종교화시켜 믿고 따르는 사람이 너무나 많다. 지금도 내 주위에는 수많은 종교인들이 있다. 나는 선교사로서 비교적 자주 세계 여러 곳을 여행하며 각 대륙의 나라와 도시에서 종교에

매몰된 수많은 사람들을 직접 볼 수 있었다.

감사하게도 지금까지 70 평생 동안 4개 대륙에서 살아왔다. 30대에는 중동 건설회사 직원으로 사우디아라비아에서 근무했다. 40대에는 영국에서 긴 유학 생활을 했다. 50대와 60대엔 아프리카 탄자니아와 남미 파라과이 선교 현장에서 지냈다. 70이 되어 유럽 재복음화의 꿈을 갖고 영국으로 왔다. 한국에서 태어나 직장생활 15년을 하고 신학공부를 한 이후 3개 대륙에서 살면서 진정한 참된 교육은 어떠해야 하는지 입체적으로 생각해 볼 수 있었다.

그리스도인이 되고 난 후 지금도 나는 여전히 교육에 관심이 많다. 하나님은 감사하게도 쌍둥이 아들을 선물로 주셨다. 두 아들을 키우며 '딸 같은 며느리들을 허락해 주세요'라는 한 문장 기도를 20년 이상 입버릇처럼 올려드렸더니, 하나님께서 딸 같은 며느리 신애와 주혜를 우리 가정에 보내주셨다.

쌍둥이 아들은 같은 해(2011년)에 결혼을 했다. 아들들이 분가한 후 파라과이 선교 현장에서 사진과 영상으로나마 두 자녀들이 손주들을 키우는 모습을 지켜보면서 틈틈이 시간 날 때마다 마음을 담아 글을 썼다. 그동안 살아오면서 가슴으로 들려주고 싶은 이야기들을 진솔하게 써서 아들과 며느리들에게 이메일로 보냈다.

4년 전 모국 방문길에 영국 런던의 큰아들 가정에 들렀다. 오랜만에 두 손자와 아들 내외를 만나는 기쁨이 컸다. 하루는 아들이 나에게 두툼한 A4 종이 뭉치를 건네면서 "재미 삼아 한번 읽어 보세요"라고 말했다. 나는 별생각 없이 원고를 받아 읽자마자 내가 써서 보낸 글들이라는 것을 알게 되었다. 내가 쓴 글이었지만 시간 가는 줄 모르며 2~3시간 정도 읽는데 눈물이 핑 돌았다. 큰아들 내외는 "그간 아빠가 써서 보내준 이메일 글들을 읽을 때마다 내용이 너무나 좋다는 생각이 계속 들었어요. 이것을 책으로 출판해 다른 사람들에게도 읽을 수 있는 기회를 주면 좋겠어요"라고 제안을 했다. 이후 본격적인 책 출간 준비가 시작되었다.

이렇게 지난 10여 년간 사랑하는 두 아들과 며느리들에게 보낸 편지글이 모여 책으로 출간되었다. 돌이켜보면 하나님의 은혜에 감사할 뿐이다. 이 책이 마무리되던 2022년 6월에 나는 파라과이를 떠나 영국으로 건너갔다. 70이 되어 유럽 전역에 성경읽기와 새벽기도 운동을 펼침으로써 유럽 재복음화의 밀알이 되는 꿈을 가지고 영국 땅을 다시 밟은 것이다. 그래서 내 인생의 중요 변곡점에 나온 이 책에 더욱 애정이 간다. 앞으로 하나님이 펼치실 흥미진진한 이야기들이 너무나 기대가 된다. 아무쪼록 이 땅의 모든 부모와 자녀들에게 좋은 영양분이 되는 책이 되기를 두 손 모아 기도한다.

2022년 7월

배 안 호

1

가정

다른 세대가 아디라 다음 세대를 키워라

온실에서는 거목(巨木)이
자랄 수 없다

구원은 무료이지만 제자가 되기 위해서는 당신의 목숨을 내어놓아야 합니다.

디트리히 본회퍼(Dietrich Bonhoeffer)

사랑하는 아들아!

사람들은 모두 좋은 성과를 얻기 원한다. 그런데 그 과정에서 스스로 땀 흘리고 애써야 한다는 생각까지 자연스럽게 하기는 쉽지 않은 것 같다. 어느 목사님에게서 들었던 어리석은 농부 이야기가 이런 인간의 모습을 잘 보여주고 있다.

농부가 한 해 농사를 시작하면서 이렇게 기도를 드렸다.

"하나님, 금년에는 폭풍도 오지 않고 폭우도 쏟아지지 않게 해주시고 항상 따뜻하고 좋은 날씨 속에서 필요할 때 필요한 만큼만

비를 내려주십시오."

하나님은 그 농부의 기도를 들어주셨다. 그해 날씨는 정말 농부가 기도한 그대로 맞아떨어졌다. 그렇게 시간은 흘러 가을이 됐다. 추수를 앞둔 농부의 마음은 어느 해보다 큰 기대로 설레었다. 그런데 막상 추수한 곡식들은 하나의 예외도 없이 속이 텅텅 비어 있었다. 예상치 못한 상황에 놀라고 당황한 농부는 하나님을 찾아가 하소연했다.

"하나님, 왜 이런 쭉정이들만 추수하게 하셨습니까? 이게 어떻게 된 일입니까?"

하나님은 어리석은 농부에게 이렇게 대답하셨다.

"폭풍과 폭우를 겪어야 열매를 제대로 맺는 법인데 너는 그 모든 것을 피하고 편한 것만 선택했으니 네가 얻을 수 있는 것이 그것밖에 더 있겠니?"

하나님을 믿는다고 하면서 편하고 즐거운 삶만을 바라고 있지는 않은지 점검해봐야 한다. 왜냐하면 그런 삶은 속빈 강정과 같은 인생으로 가는 지름길이기 때문이다. 우리가 인생에서 직면하는 폭풍과 폭우를 통과할 때 꽉찬 내공(內功)을 가진 하나님의 자녀로 성장하게 된다.

결단코 아이들을 나약하게 키우면 안 된다. 너무 많은 장난감 세례로 그들을 즐겁게 하는 데만 골몰하지 말아야 한다. 나는 선교지에 있으면서 손자들에게 장난감 한 번 제대로 사주지도 못하는데 이런 소리를 해서 많이 미안하구나. 그러나 나같이 이런 소리를 하는 사람이 한 사람은 있어야 한다고 생각한다.

아이들과 같이 조깅하는 중에 소나기가 쏟아질 때는 일부러 함께 맞기도 해라. 때로는 열악한 환경 속에서 함께 하나님을 찬양하며 가정예배를 드려보렴.

거목은 온실 속에서 절대 자랄 수 없다. 우리에게 다가오는 비바람이 있다면 그 과정을 통해 맺혀질 열매를 기대하며 기쁨으로 비바람 속으로 기꺼이 나아가자꾸나.

"내가 가는 길을 그가 아시나니 그가 나를 단련하신 후에는 내가 순금 같이 되어 나오리라"(욥 23:10)

다른 세대가 아닌
다음 세대를 키워라

우리의 자녀들을 위해 열심히 기도하고 돌본다면 우리의 모든 자녀들은 방주 안으로
들어오게 될 것입니다.

D. L. 무디(Dwight Lyman Moody)

그 세대의 사람도 다 그 조상들에게로 돌아갔고 그 후에 일어난 다른 세대는 여호와를
알지 못하며 여호와께서 이스라엘을 위하여 행하신 일도 알지 못하였더라

사사기 2장 10절

사랑하는 아들아!

가정의 제사장으로서 부모의 가장 중요한 일은 무엇일까? 하나
님과 자녀를 연결해 주는 고리 역할을 하는 것이다. 자녀들은 부
모를 통해 하나님을 배우고 경험하기 때문이다. 가정에서 부모는

하나님을 대신하는 존재다. 부모를 통해 하나님께서 자녀에게 임재하신다고 생각하고 자녀를 대하면 좋겠구나. 아이들이 커서 외부 활동이 점점 늘어나기 전에 자녀들과 함께하는 시간을 늘려 서로 영적 성장을 도모할 수 있기 바란다.

자녀를 믿음으로 양육하고, 믿음을 유산으로 물려줘야 한다. 그럴 때 부모의 역할을 다 한 것이다. 자녀에게 아무리 많은 것을 물려줄지라도 신앙을 제대로 계대(繼代)하지 못하면 결국 자녀를 멸망의 길로 인도하는 것과 다름없다.

사무엘상 1~2장에는 동시대에 존재했던 두 가정의 모습이 등장한다. 누구나 알아주던 제사장 가문인 '아버지 엘리와 그의 아들 홉니와 비느하스' 가정과 마음이 괴로워 여호와께 기도하던 여인인 '어머니 한나와 사무엘' 가정이다. 제사장의 아들이었던 홉니와 비느하스에 대해 성경은 "행실이 나빠 여호와를 알지 못하더라"(삼상 2:12)는 비극적인 서술을 하고 있다. 심지어 그들은 여호와의 제사를 멸시하기까지 했다. 이에 반해 사무엘에 대해 성경은 이렇게 말한다.

"어렸을 때에 세마포 에봇을 입고 여호와 앞에서 섬겼더라"(삼상 2:18)

이후 '홉니와 비느하스'와 '사무엘'의 삶이 어떻게 흘러갔는지 너희는 잘 알고 있을 것이다. 하나님은 당신 앞에 겸손한 자를 귀히 여기시는 분으로, 사람의 행동을 달아 보시는 분임을 잊어서는 안 된다.

나는 노아의 여덟 식구와 롯의 여섯 식구를 볼 때도 신앙 양육의 중요성을 실감한다. 노아의 식구는 모두 살았지만, 롯의 식구는 절반만 살고 절반은 멸망하고 말았다. 아이들을 믿음으로 양육하는 일이 그래서 참으로 중요하다.

그러나 오늘날 한국교회 안에는 다음 세대가 사라져가고 있다. 주일학교가 없는 교회가 태반이 된다고 한다. 다음 세대가 아닌 다른 세대가 일어나고 있으니 너무 가슴이 아프다. 함께 눈물 흘리며 기도해야 될 일이다.

'고립의 시대(The Lonely Century)'의 저자 노리나 허츠(Noreena Hertz)는 연구 결과를 통해 가장 외로운 연령층으로 청년층을 꼽았다. 인터뷰 내용을 조금 더 보면 다음과 같다. "영국의 밀레니얼 세대는 다섯 명 중 한 명이 친구가 없으며, 미국의 24세 이하는 세 명 중 한 명이 자주 외롭다고 답했습니다. 한국도 지난 10년간 십 대와 청년층을 중심으로 외로움이 급속도로 확대되고 있습니다."

한국교회는 다음 세대가 아닌 다른 세대의 아픔을 함께 하기 위해 마음을 열고 다가가야 한다. 그리고 이들이 다른 세대가 아니라 하나님 안에서 강한 믿음으로 어려움을 이겨내는 다음 세대가 되도록 키워야 한다.

인생은 긴 호흡을 가지고 뛰어가는 마라톤과 같다. 아이들을 키우면서 이 사실을 잊지 말아라. 학교에서 점수를 잘 받아올 때 모든 부모는 환호성을 지르며 좋아한다. 하지만 나에게는 손자 손녀들이 성경 말씀 암송하는 모습이 더 감동적이다. 너무나 감사한 마음에 눈물이 흐른다. 우리 가족의 좌우명과 전통은 무엇이며, 그것을 어떻게 다음 세대에 전달할 것인지 고민해야 한다. 지켜야 할 많은 것들이 있지만 그중에서도 일생 동안 견지해야 할 것은 어떤 것인지 부부가 함께 기도하며 정해보기 바란다.

크리스천이자 인텔 최고기술경영자(CTO)로 일했던 팻 겔싱어(Pat Gelsinger)는 자녀의 삶을 올바른 길로 이끌기 위한 자신만의 방법으로 일대일 아침 식사와 주말마다 갖는 일대일 미팅을 꼽았다. 그는 한 달에 한 번씩 한 아이를 데리고 아침 외식을 하며 대화를 나누었다.

아이들이 이야기하고 싶은 것은 무엇이든 이야기 주제가 되었고, 그 역시 집안일이나 아이들에게 하고 싶었던 말, 성경 구절, 혹은 영적인 문제에 관해 한 가지 주제를 꺼내 놓았다. 물론 그는 아이들의 학교생활과 신앙생활, 그밖에 고민하는 문제들에 대해서도 빼놓지 않고 대화를 나누려고 노력했다. 이외에도 가족이 함께 휴가를 보내기도 했다.

물론 그와 똑같은 방법을 사용하라는 말은 아니다. 하지만 아이들과 일대일로 시간을 보내며 함께 대화를 나누는 일은 아주 좋은 방법이라고 생각한다. 너희 가정에 알맞은 좋은 방법을 고민해보렴.

"마땅히 행할 길을 아이에게 가르치라 그리하면 늙어도 그것을 떠나지 아니하리라"(잠 22:6)

아들아, 이 구절에서 부모가 생각하는 아이의 길이 아니라 아이가 "마땅히 행할 길(in the way he should go)"이라고 한 것을 잊지 마라. 이 말은 아이들 각자가 특정한 성향이나 기질을 타고났다는 말이다. 그러니 아이의 성향을 파악하고 하나님이 주신 재능에 부합하는 길을 걸어갈 수 있도록 도와주길 바란다. 글을 적어 놓고 보니 내가 너무 많은 것을 요구한 것은 아닌지 걱정이 되기도 하는구나. 사랑하는 아들아, 너는 충분히 잘하고 있단다. 그러니 너무 걱정하지 말고 그런 원칙을 가지고 하나님 안에서 멈추지 말고 나아가라.

매일 새로 시작하는
설레임을 잊지 마라

이미 알고 있는 것, 직접 확인하고 체험한 것은 자신의 재산이고 보물입니다. 그러므로

보이지 않는 곳에 간직해 둡시다. 새로운 뭔가를 할 때 오직 경험에만 의존하면 새로움은

탄생하지 않습니다. 실패를 두려워하지 않고 도전해야 새로운 것을 만들어낼 수

있습니다. 그래야 비로소 배울 수 있고 깊어지고 넓어질 수 있습니다.

마쓰우라 야타로(Yataro Matsuura)

사랑하는 아들아!
새해가 시작되고 벌써 4일째구나. 나는 새해를 이렇게 정의한다.

새해란 새로운 도전을 하는 해!
새해란 새로운 방법을 모색하는 해!
새해란 새로운 지식을 추구하는 해!

새해란 새로운 시도를 실험해보는 해!

새해란 새로운 환경을 만들어 보는 해!

새해란 새로운 각오와 헌신을 다짐하는 해!

새해란 새로운 책들을 탐구 발견해 섭렵하는 해!

새해란 새로운 만남을 기대하는 해!

완전히 제로베이스(Zerobase)에서 다시 출발하는 설레임이 가득한 때가 바로 새해다. 희망찬 새해가 되었는데도 여전히 구태의연한 자리에 머물러 있지 말아라! 꿈을 꾸는 자가 되어라! 상상의 나래를 마음껏 펴야한다. 꿈과 비전은 실제로 꿈꾸는 자의 몫이다. 그 꿈과 비전이 실현되는 모습을 상상해라! 꿈 너머의 꿈을 꾸는 자가 되어라! 나 역시 때로 꿈 너머의 꿈을 꾸면서 빙그레 혼자서 만면에 웃음꽃을 피운다.

꿈이 없는 사람은 발전도 진보도 없다. 기대도 소망도 없는 삶을 살기 때문이다. 한 번도 걸어보거나 살아본 적이 없는 전인미답(前人未踏)을 1년, 1달, 1주를 걸어가는 두근거림과 설레임, 그리고 호기심이 살아 있어야 한다. 일상에서 만나는 일들이 모두 새롭게 경험될 것이다.

매일 읽는 성경 말씀을 통해 내 가슴은 하나님 나라에 대한 꿈으로 가득 차 있다. 어디선가 들은 지식은 참지식이 아니다. 주변 사람들을 둘러보다 보면 막연한 지식, 전해 들은 출처불명의 정보들을 읽고서 자신을 상당한 지식인으로 착각하는 자들을 만나게 된다. 이런 사람은 무엇이든지 대충대충이라 내용과 내공은 온

데간데없다. 이런 사람은 예배를 드릴 때도 설교 말씀을 전하거나 들을 때도 건성으로 듣고(Listen with half an ear) 찬송 한 소절을 부를 때도 건성으로 때우려한다. 진정성이 없는 예배는 하나님이 가장 역겨워 하는 것이다. 혹시 이런 모습이 내게도 있지는 않은지 정기적으로 점검해 보아라. 내가 편하고 좋은 시간과 방법이 아니라 상대가 원하는 방식과 때에 맞출 때 감동과 열매를 맛볼 수 있다는 사실을 기억하렴.

모든 일을 감사로 시작해라

한 해의 시작, 일주일의 시작, 작게는 또 하루의 시작. 시작이란 단어에는

무한한 희망이 담겨 있다. 지금 바라보고 있는 새 달력은 나에게 새로운 시작의 메시지,

희망의 메시지를 강하게 전해 주고 있다.

토머스 J. 빌로드(Thomas J. Vilord)

사랑하는 아들아!

나는 시작이라는 단어를 좋아한다. 시작이라는 단어는 참으로 아름다운 말이다. 무한한 가능성을 향해서 날아오르는 출발선이다. 그래서인지 새벽마다 '세품 기도(세계를 품는 기도)'를 올릴 때 네 명의 손자와 세 명의 손녀들의 이름을 부르기만 해도 기쁨이 넘친다. 아이들에게는 모든 순간이 시작이자 새 출발이다. 엄청난 가능성이 열린 미래를 향해 길을 나서는 것이다.

가장 중요한 출발점은 바로 하나님 앞에서 건강한 자아상(Self Image)을 갖는 것이다. 어디에서 무엇을 하든지 밝고 환하게 살아야 한다. 때로는 너희 자신의 허물이나 실수, 혹은 다른 사람들의 오해로 인해 억울한 비판을 받을 때도 있을 것이다. 그럴 때 먼저 자신을 돌아보고 바로잡는 계기로 삼되 너무 움츠리지 말아라. 변명하거나 오해를 풀려 하거나 설명하지 말아라. 비판에서부터 자유로운 영혼이 되어라! 건강한 자아상은 하나님과 사람 앞에서 당당하게 살게 한다.

새롭게 큰 비전을 가지고 힘있게 일을 시작했는데 생각했던 만큼 성과가 나지 않는다고 너무 초조해 하지 말아라. 과정에서 겪는 실패는 결코 실패가 아니기 때문이다. 시행착오를 통한 깨달음은 큰 유익으로 다가온다. 비록 더딜지라도 이런 배움의 과정을 통해서 다른 사람을 더 깊이 이해하게 되기도 한다.

언제나 마음의 창문을 활짝 열어 놓아라. 열린 생각은 마음의 창문을 활짝 열 때 우리에게 다가온다. 그럴 때 열린 문, 열린 하늘이 펼쳐지게 되는 것이다. 나의 경우 새로운 아이디어, 신선하고 번뜩이는 아이디어는 대개 새벽에 찬송하거나 말씀을 깊이 묵상할 때 떠오르더구나. 그래서 나는 언제나 기도수첩과 더불어서 메모노트를 준비해 두고 좋은 생각이 떠오를 때는 즉각 적어둔단다.

사실 우리 생각과 마음을 내버려 두면 멋대로 흘러가고 만다. 쾌락을 추구하는 마음과 하나님의 선을 추구하는 마음이 한 나무에서 동시에 열매 맺을 수 없다는 것을 명심하렴. 그래서 하루를 시작하는 시간에 세상의 유혹을 단호하게 끊어내고 하나님께 주 파수를 맞추는 일이 중요한 것이다. 하나님이 우리에게 온전하라고 하신 것은 그 일이 당신 안에서 가능하기 때문이다. 주님은 우리 일부분이 아닌 전부를 원하신다는 것을 기억하자.

아침 첫 시간, 첫 출발할 때부터 하나님께 감사를 넘치게 해라. 감사는 영혼에서 피어나는 꽃이라 했다. 내 영혼이 물댄 동산같이 늘 말씀과 찬양으로 가득할 때 감사는 자연스럽게 흘러넘치게 된다. 이렇게 살다 보면 어디를 가든지 요셉과 다니엘처럼 '형통하는 신앙의 성공주의자' 반열에 서게 될 것이다.

배우자를 인생의
동역자로 바라봐라

남편들아 이와 같이 지식을 따라 너희 아내와 동거하고

그를 더 연약한 그릇이요 또 생명의 은혜를 함께 이어받을 자로 알아

귀히 여기라 이는 너희 기도가 막히지 아니하게 하려 함이라

베드로전서 3장 7절

사랑하는 아들아!

가정에 문제가 있으면 마음이 불안해서 아무리 감추려고 해도 드러날 수밖에 없다. 바깥으로 드러나지 않아도 심리적으로 많은 영향을 받게 된다. 본인이 아무리 생각하지 않으려고 눈을 감아도 가정 문제는 사소해 보여도 중요한 문제이기에 무의식중에라도 계속 생각이 날 수밖에 없다. 배우자에게 항상 잘 하거라.

바울은 가정에 대한 내용을 다룬 대표적인 성경 본문인 에베소서 5장에서 부부관계의 원리로 사랑과 존경에 대해 강조하고 있다. 그리스도와 교회와의 관계를 통해 '아내가 남편을 존경하고 남편이 아내를 사랑할 것'을 말하고 있다. 그리스도가 교회를 위해 어떻게 헌신했고, 교회가 그리스도에게 어떤 반응을 했는지 깊이 들여다보면 부부관계의 원리를 잘 이해할 수 있다. 실제로 나 중심이 아니라 그리스도 중심적 섬김과 자기희생으로 배우자에게 반응할 때 가정이 행복해지더구나.

삶의 다양한 기술과 마찬가지로 사랑 역시 배우고 익혀야 할 기술이다. 그렇게 될 때 기술은 삶의 예술로 변화되며 인생을 아름답고 풍요롭게 만들어 준다. 지금도 나는 네 엄마와의 관계를 통해 새롭게 배우고 있다.

결혼 생활 역시 좋아질 때도 어려워질 경우도 있다. 삶에서 겪는 어려움은 피할 수 없기에 부부가 어떻게 함께 극복하는지가 무엇보다 중요하다. 살면서 경험해보니 외부적 요인들보다 부부가 서로를 어떻게 대하고 애쓰느냐에 그 결혼 생활의 성패가 달려있는 것을 실감한다. 몇 가지 결혼에 대한 깨달음을 전하니 시간이 날 때 부부가 함께 생각해 보기 바란다.

첫째, 배우자와 소통하기 위해 공감하고 경청하는 표현을 개발해라. 소통하는 대화와 불통하는 대화는 사소하지만 큰 차이를 만들어낸다. 서로 사랑하면서도 그 마음을 효과적으로 전하지 못하는 부부들이 많은 이유 중의 하나가 상대가 공감하고 이해할 수 있는 언어 표현을 적극적으로 개발하려고 애쓰지 않기 때문이다.

하나님께서도 당신의 사랑을 사람들이 이해할 수 있는 방법으로 표현하기 위해 예수님을 이 땅에 보내주셨다는 것을 생각하면 좀 더 이해하기 쉬울 것 같다. 배우자가 공감하고 감동할 수 있는 다양한 표현 방법과 활동을 서로 개발해 보기 바란다.

둘째, 세상에서 가장 훌륭한 동역자로 배우자를 대해라. 배우자는 내 인생의 가장 좋은 동역자다. 좋은 동역자로 한 팀을 이루기 위해서 서로 약점을 보완하고 장점을 강화하는 사이가 되기 위해 노력해라. 성공한 목회자는 사모님의 말을 경청하는 경우가 대다수더구나.

셋째, 함께 꿈을 꿔라. 혼자 꿈을 꾸면 꿈에 머물지만 함께 꿈을 꾸면 비전이 되고 현실이 된다고 한다. 품고 있는 소망을 서로 솔직하게 이야기해라. 피상적인 대화에 그칠 때 오해가 생기고 가정이 걸어가는 길에 차질이 생기게 된다. 상대방에 대한 개인적인 소망뿐 아니라 함께 품기 원하는 소원을 알리는 것이 필요하다. 그렇게 상대의 소망을 들었다면 그 마음을 채우는 것은 기쁜 일이 될 것이다.

마지막으로 잠언 31장에 등장하는 '현숙한 여인(아내)'의 모습에서 배워라. 이 여인은 쉽게 찾아보기 어려운 유능한 사람의 모습이라고 할 수 있다. 자신이 가지고 있는 힘을 써야 할 곳에 쓰고, 무엇보다도 하나님을 경외할 줄 아는 그(그녀)는 칭찬을 받아 마땅하다고 성경은 말하고 있다. 나는 이 현숙한 여인의 모습에서 아내 된 자뿐 아니라 남편 역시 본받아야 할 점들이 많다고 생각한다. 부부가 서로를 신뢰하며 잘 되게 응원하는 모습(11~12절),

부지런한 모습(13~19절), 베푸는 모습(20절), 가족과 자신을 위해 따뜻한 의복 등을 준비하는 모습(21~22절), 자신으로 말미암아 배우자를 존귀하게 하는 모습(23절), 자신이 가지고 있는 기술을 통해 미래를 준비하는 모습(24~25절), 지혜와 인애를 말하는 모습(26절), 집안을 보살피며 부지런함으로 본을 보이는 모습(27절), 배우자와 가족에게 인정을 받는 모습(28~29절), 하나님을 경외함을 모두에게 인정받는 모습(20~31절)이 그것이다.

가정이야말로 고달픈 인생의 안식처요, 모든 싸움이 자취를 감추고 사랑이 싹트는 곳이며, 큰 사람이 작아지고 작은 사람이 커지는 곳임을 잊지 말고 지금처럼 아끼고 사랑하며 살아가기 바란다.

사랑은 인생의 가장 소중한 순간을 만드는 비결이다

인생을 되돌아볼 때 우리가 '정말 살아 있었다'고 회고하는 순간은

사랑을 받는다고 느끼거나 사랑에 빠지는 순간들이다.

맨프레드 케츠 드 브리스(Manfred Kets de Vries)

사랑하는 아들아!

인생을 되돌아볼 때 "와! 내가 정말 살아 있구나" 하고 느꼈던 순간, 사랑의 기억으로 가득한 시간은 절대로 잊혀지지 않더구나. 그래서 세상의 거의 모든 유행가와 드라마와 영화, 소설, 미술이 다루는 주제가 사랑이라는 것은 전혀 이상한 현상이 아니라고 생각한다. 사랑만큼 많은 분야와 사람에게 좋은 영향을 끼치는 일을 찾아보기 어렵다. 실제로 개인과 역사를 보면 사랑은 많은 사람에게 축복을 끼치는 큰일을 많이 만들어 냈다. 그리고 이 과정을 통해 많은 사람의 삶이 변화되었고, 그 변화와 축복은 연쇄적으로 확산되고 있다. 한 사람의 헌신과 사랑이 얼마나 우리와 이 땅에 큰 축복이 될 수 있는지 놀라울 뿐이다.

사랑과 헌신으로 헬렌 켈러(Helen Keller)를 가르쳤던 앤 설리번(Anne Sullivan)은 임종을 앞두고 헬렌 켈러와 다음과 같은 대화를 나눈다.

"선생님, 꼭 나으셔야 해요. 선생님이 안 계시면 헬렌은 아무 일도 할 수 없을 거예요."

설리번 선생은 슬퍼하며 이렇게 대답했다.

"정말 그렇다면 나는 실패한 삶을 산 거야."

설리번 선생은 왜 이런 말을 했을까? 앤 설리번이 언제나 가장 중요하게 여긴 목표는 헬렌 켈러가 자유롭고 독립적인 인간으로 자라는 것이었기 때문이다.

아들아, 사랑과 헌신이 향하는 방향이 어디인지 앤 설리번의 대답을 통해 짐작했을 줄 안다. 사랑은 우리를 자존감을 가진 독립적인 사람으로 만들어 준다. 배우자와 자녀의 인생을 행복하게 만드는 가장 좋은 비결이 여기에 있다.

감사하게도 나는 어린 시절 유난히도 많은 사랑을 받고 성장했다. 비록 생활이 넉넉하지 않아 가난했지만 고향 마을의 어떤 집보다 행복했던 우리집은 효성과 믿음, 신뢰가 가득했다.

비록 하나님의 사랑을 몰랐지만 아버지와 할머니의 지극한 모자간의 사랑과 효도, 어머니의 헌신은 부족함이 없었다. 그래서 우리 집의 분위기는 정직, 근면, 성실로 가득했고 아침 일찍부터 부지런한 농부의 삶을 살았다. 어린 시절에 동네에 놀러 나가면 동네 사람도 모두 나를 사랑하고 칭찬해주었다.

"옥산 양반 큰 아들 안호아이가?, 신촌 할매 손자 안호구나!"

당시 어렸던 나는 정확하게 표현은 못했지만 사랑받는 느낌이나 분위기 속에서 너무나 뿌듯하고 행복했다. 온 동네 사람들이 언제나 정직하며 성실한 삶으로 일관하시는 할머니와 아버지, 어머니의 삶을 알고 존경했기에 그 집안의 장남이란 사실만으로 이미 사람들로부터 사랑을 받았던 것이다.

하지만 전 재산은 논 다섯 마지기와 약간의 밭뿐이었고, 나중에 알고 보니 그 밭마저도 남의 소유였다. 농사를 아무리 잘 지어도 7식구가 연명하기에는 부족한 가난한 가정이었다. 그런 형편 가운데서도 우리는 최선을 다해서 성실하게 농사를 지었고 항상 동네에서 최고 소출을 거둬서 깜짝 놀란 마을 사람들이 그 비결을 묻기 위해 우리집에 찾아올 정도였다.

이제 와 돌이켜보니 우리 아버지는 참으로 대단한 인물이셨다. 성실하고 공정한 삶의 자세로 마을 공동체를 위해서 언제나 솔선수범하셨다. 그 영향으로 내가 우리 집안에서 처음으로 하나님의 사랑에 눈 뜨고 살아계시는 주님과 날마다 동행하는 삶의 기쁨과 행복을 어린 시절에 조금 맛보았던 것이다.

나는 이런 경험과 배움을 통해 사랑의 가치를 배웠고, 성경적인 가정을 이루기 위해 최선을 다해 경주했다. 너희들이 바로 하나님의 상급이요, 열매인 줄 알고 기도할 때마다 눈물로 감사를 드리고 있다. 나는 이런 사랑의 가정을 너희도 이룰 수 있도록 '딸 같은 며느리를 주소서'라는 기도 제목을 가지고 20년 이상 간구했었다. 하나님께서는 내가 기도한 것 이상으로 귀하고 소중한 며느리들 (신애, 주혜)을 보내주셨다. 그래서 우리 며느리들 역시 나의 소중한 딸이란다.

사랑하는 아들, 딸아! 진심으로 사랑하고 축복한다. 하나님은 사랑이시다. 사랑하며 살아야 한다. 모든 것은 언제나 사랑이 그 동기요 목적이 되어야 한다. 부디 사랑하며 살아라. 그렇게 자녀들을 키우기를 응원하며 기도한다.

좋은 코치가 되어라

거인의 어깨에 올라타면 더 멀리 볼 수 있다.

베르나르 드 샤르트르(Bernard de Chartres)

사랑하는 아들아!

이즈음 이곳 파라과이는 아름다운 봄이다. 너희들이 먼 한국 땅과 영국 땅에 떨어져 있어 이 아름다운 남미의 봄꽃을 같이 만끽하지 못 하니 매우 아쉽구나. 너희를 생각하며 기도하다 이렇게 글을 쓴다.

인생 칠십여 년을 살아보니 이제서야 어떻게 살아야 할지 새삼스럽게 깨닫게 된다. 프랑스의 철학자 베르나르 드 샤르트르는 과거의 현자나 그들이 남긴 연구 성과 등을 거인에 비유해, 거인의 힘을 빌리면 더 넓게 더 깊게 더 멀리 세상을 볼 수 있다는 의미로

"거인의 어깨에 올라타라"는 말을 남겼다. 베드로는 그리스도께서 우리에게 본을 보여주셨다고 말한다.

"그리스도도 **너희**를 위하여 고난을 받으사 **너희**에게 본을 끼쳐 그 자취를 따라오게 하려 하셨느니라"(벧전 2:21)

그가 여기에서 사용한 '본(本)'에 해당하는 헬라어는 신약성경에 단 한번 나온다. 그 말은 선생의 습자책, 즉 학생이 쓰기를 배울 때 선생의 필체를 그대로 흉내 내어 쓰는 완전한 글씨체를 의미한다. 마찬가지로 크리스천 역시 신앙의 가나다를 배우기 위해서는 예수님의 모범에 자신의 삶을 맞춰야 한다.

성경 외에 내 인생에 많은 영향을 끼친 분은 단연 도산 안창호 선생님이다. 중고등학교 시절부터 선생님은 언제나 나의 '큰 바위 얼굴'이었다. 도산은 평생 인격수양(人格修養)과 무실역행(務實力行)을 자신의 삶을 통해 본을 보였다. 그분이 늘 강조하셨던 내용 중에 꼭 지키려고 애쓰는 자세가 정직이다. 그래서 너희들도 알다시피 나는 거짓말을 제일 싫어한다. 내가 중학교에서 처음으로 영어를 배우면서 암송한 첫 문장도 정직에 관한 것이다. "Honesty is the best policy!(정직이 최상의 방책이다!)" 나는 이 문장을 중학교 1학년 시절에 책상 앞에 크게 써서 붙여놓았다.

어떤 경우나 어디에서나 누구에게나 정직하게 말하고 살아야한다. 매일 맥체인성경읽기 순서를 따라 읽고 있는 모든 말씀도 정직한 삶을 강조하고 있다. 정직한 말, 빙그레 웃는 얼굴, 간사함이 없는 마음, 언제나 순수하고 순전한 동기를 가진 자로 살기를 권한다. 사실 거짓되고 음란한 세상에서 이렇게 살아가기가 힘든 것은 너무나 당연한 일이다. 때로는 알면서도 속는 경우도 있고, 금전적인 손해를 보기도 한다. 세상의 풍조와는 다른 삶의 태도 때문에 오해를 받을 때도 있을 것이다.

그러나 어려운 상황을 임시 모면하기 위해 변명하지 말아라! 하나님은 악한 자를 미워하시고 정직한 자와 친근히 하신다(잠 3:32)는 것을 잊지 말아라. 나 역시 살면서 마음이 정직한 자를 구원하시는 하나님의 손길(시 7:10)을 한두 번 경험한 것이 아니란다.

'자녀 교육은 곧 부모 교육'이라는 진리를 이 땅의 모든 부모는 명심해야한다. 자녀에게 있어 최고로 훌륭한 코치는 부모다. 나는 지금까지 살아오면서 수많은 사람의 가정을 가까이서 관찰할 수 있었다. 그 결과를 한마디로 말하면 '부전자전(父傳子傳)'이라고 하겠다. 그 부모에 그 자녀더구나. 자녀는 부모의 삶의 태도를 본받는다. 아무리 나이가 어리다고 만만하게 보지 말아라. 아이들은 엄마 아빠의 동기를 꿰뚫어본다.

왜 우리나라에는 인물이 없느냐고 지금도 한탄하는 자가 많다. 도산은 한 나라의 힘은 인격수양, 곧 덕력(德力), 지력(智力), 체력(體力)이라고 말했다. 도산 선생님은 인물이 없다고 야단하는 그 사람에게 "바로 너 자신이 왜 인물 될 공부를 안하느냐?"고 물으셨다.

한국교회와 선교 현장에서도 이 교훈은 동일하게 적용된다. 나 역시 솔직히 많이 부족하고 허물투성이지만 "인물이 되려고 마음 먹고 힘쓰라"는 도산 선생님의 말을 명심하고 날마다 인물 공부에 최선을 다하고 있다. 이 시대에 바른 선교사, 반듯한 목사가 되고 싶다. 그리고 그전에 먼저 너희 앞에 바른 부모, 좋은 코치가 되고 싶다. 동일한 소원을 너희도 품기를 바란다.

어려서부터 좋은 습관을
훈련해라

마땅히 행할 길을 아이에게 가르치라 그리하면 늙어도 그것을 떠나지 아니하리라

잠언 22장 6절

사랑하는 아들아!

오늘 아침에는 날씨가 선선해서 행복하구나.

여러 가정을 방문할 때마다 어린이 책이 수십 권, 수백 권이나 책장에 어지러이 꽂혀있는 모습을 자주 목격하게 된다. 그때마다 이런 생각을 하게 된다. '이 집 아이들은 저 많은 책을 얼마나 제대로 읽었을까?' '더구나 이 집의 부모들은 저 책들 중에서 몇 권이나 읽었을까?' 한국을 방문할 때마다 느끼는 점은 점점 더 책 읽는 사람들을 찾아보기 힘들어진다는 것이다. 아이들에게 책을 읽으라고 하기 전에 어른이 먼저 독서하는 모습을 보여줘야 한다. 그것도 자녀들이 훌쩍 크기 전에 말이다. 그런데 부모는 TV와 스마트폰을 놓지 않으면서 아이에게만 좋은 습관을 실천하라고 강요하면 어떤 결과가 나타날까?

후한서(後漢書)에 "몸으로 가르치니 따르고, 말로 가르치니 따지더라(以身教者從 以言教者訟 이신교자종 이언교자송)"라는 말이 있다. 사실 좋은 습관은 어린 시절부터 몸에 배여야 실천이 가능하단다. 여기에 부모가 먼저 좋은 습관을 실천해야 할 이유가 있다. 부모와 리더의 역할은 좋은 본을 보이고 지지자가 되어 주는 것이 아닌가 싶구나. 나 역시 너희들과 선교지의 성도들에게 어떤 본을 보였는지 자신을 자주 점검해 보게 된다.

나는 가정에서 아이들이 훌쩍 크기 전에 어른들이 반드시 본을 보이며 함께 해야 할 일이 3가지가 있다고 생각한다.

첫째는 운동하는 습관이다. 어려서부터 부모가 좋은 모델이 되어서 아이들이 운동하는 습관을 몸에 익히게 하는 것은 평생 건강하게 사는 삶의 첩경이다. 운동은 2가지 면에서 큰 유익이 있다. 먼저는 매사에 당당한 자신감을 갖게 한다. 그리고 긍정적이고 적극적인 자세를 갖는데 크게 일조한다. 다음으로는 자세가 좋아진다. 어떤 사람은 허리를 구부정히 하고 땅만 보고 걷거나, 가슴을 활짝 펴지 못하고 움츠린 자세를 갖고 있다. 왜 그럴까? 땀 흘리는 운동을 통해 가슴을 펴고 심호흡을 하는 경험이 적다 보니 그것이 삶의 습관으로 자리잡은 것이다. 인생에는 자세가 중요하다. 적극적인 자세, 긍정적인 자세는 운동할 때 생기는 자신감과 함께 내 안에서 자동으로 생성된다.

둘째는 책 읽는 습관이다. 독서 습관은 아이의 어린 시절에 길러질 수 있다. 너희들이 아이들을 잠자리에 눕히고 책을 읽어주는 모습이 너무 좋은 기억으로 남아 있구나.

또 한 가지 보탠다면, 어려서부터 정직에 대해 가르치는 것이다. 이 글을 읽으면서 혹시 내게는 그런 거짓말한 것이 있지 않았는지 점검해 보기를 바란다.

예수 그리스도를 따르는 제자의 삶을 산다는 것은 불편을 감수한다는 말이다. 아니 불편을 넘어서 손해를 각오하고, 대가를 지불하고, 많은 것을 잃어버릴 수 있는 길이다. 우리가 그 과정에서 인생에서 만나는 모든 일을 미리 알고 대비할 수는 없지만 삶을 대하는 좋은 습관을 훈련할 수는 있단다. 마더 테레사(Mother Teresa)가 "작은 일들에 충성하십시오. 당신을 키우는 힘은 바로 거기에 있으니까요"라고 말한 이유를 너희도 나이가 들면서 더 잘 이해하게 될 것이다.

자녀의 말에 귀를 기울여라

인간에게는 자신의 말을 들어 주고 이해해 주는 사람이 있어야 한다.

이 필요성은 아무리 강조해도 지나치지 않다. 최소한 한 사람이라도 그를 진정으로

이해해 주는 사람이 있다고 느끼지 못하는 사람이라면

이 세상에서 자유롭게 성장하고 풍성한 삶을 살아갈 수 없다.

폴 투르니에(Paul Tournier)

사랑하는 아들아!

읽기, 쓰기, 말하기 공부는 많이 하는데 비해 듣기 공부는 찾아보기 쉽지 않다. 들을 수 있다고 해서 모두가 다른 사람의 말을 알아듣는 것은 아니더구나. 많은 부모가 세상과 어른들의 소음 때문에 아이들의 작은 소리를 듣지 못하고 넘어갈 때가 많다. 사실 나도 너희들의 말에 적극적으로 귀 기울이는 일을 잘 하지 못했다.

자녀들은 마음 깊은 곳에서 나오는 소리를 부모가 있는 그대로 들어주기 원한다. 사실 아이들에게 가장 중요한 사람은 부모다. 있는 그대로의 자신을 받아들여줄 수 있는 가장 중요한 사람이기 때문이다. 부모로서 주장만 펼치지 말고 자녀들이 말하게 해라. 그 일을 위해서 가장 먼저 필요한 것은 자녀의 말을 주의해서 적극적으로 듣는 태도다. 아이들이 스스로 의견을 말할 수 있는 분위기를 만들고 있는지, 부모와 다른 의견을 표현할 때 화를 내지는 않는지, 고민과 관심에 귀 기울이고 있는지 점검해보렴.

지금은 많이 개선되고 있다지만 한국의 아버지들은 들어주는 사람보다는 가르치는 사람의 입장에 서 있는 것 같다. 그렇게 가르치는 것으로 아버지 역할을 다했다고 착각을 해버린다. 일터와 교회의 좋은 리더는 말하기보다 듣기를 더 잘하는 사람이라는 것을 알고 있으면서 왜 가정에서는 이 사실을 잊어버리는지 모르겠다. 가정에서도 아이들의 말에 먼저 귀를 기울일 때 무슨 말을 하고 싶은지 알 수 있다. 살아보니 상대의 말에 귀 기울이는 경청은 저절로 되는 것이 아니라 배려하고 노력해야 가능한 일이더구나.

아이들은 아버지가 자신의 말에 귀를 기울여 줄 때 자신이 특별한 사람, 가치 있는 사람이라는 느낌을 강하게 받게 된다. 사실 아이들의 말이 논리정연하고 심오하기보다는 부정확하고 유치하게 느껴질 수 있다. 그렇기 때문에 그런 이야기에 귀를 기울이는 행동은 "너는 가치 있는 사람이고, 나는 너를 사랑한다"는 말의 다른 표현인 것이다.

크리스천 의사이며 작가로 많은 이들에게 큰 영향을 끼친 폴 투르니에의 삶을 보면 '경청(傾聽)'이 가지고 있는 중요성을 확실히 볼 수 있다. 그는 부모 없이 외삼촌 가정에서 친구들에게 따돌림을 당하는 내성적인 아이로 자랐다. 그러던 중 열한 살 혹은 열두 살쯤에 아주 중요한 두 가지 결단을 한다. 하나는 그의 삶을 예수 그리스도께 온전히 의탁한 것이고, 다른 하나는 의사가 되기로 결심한 것이다. 하지만 이것이 그의 삶을 바꿔 놓지는 못했다. 그는 여전히 외로웠고 불안했다. 그러던 중 고교 시절 그는 자신의 말을 경청하고 존중해 주는 평생의 스승 줄르 뒤부아 선생을 만나게 되었고, 그녀와의 지속적인 교류와 더불어 열정적인 청년으로 변모하게 된다. 이후 그는 목회상담 부문에서 큰 영향을 남긴다.

부모가 자녀들의 말에 귀를 기울일 때 더 잘 알게 된다. 아이의 말을 들음으로 약점과 장점, 재능, 관심사, 동기 부여 요인 등 많은 정보를 얻게 된다. 그리고 일상적인 이야기들에 관심을 갖고 이야기를 들어주다 보면 중요한 이야기도 솔직하게 털어놓는 분위기가 자연스럽게 만들어지더구나. 아버지가 자신의 작은 일에도 관심을 보인다는 것을 자녀가 알게 되면, 큰일도 자연스럽게 나누게 된다는 것을 기억해라. 인생의 중요한 순간이 예기치 못한 때에 예상하지 못한 방식으로 다가온 경험이 너희들에게도 있을 줄 안다. 아이의 인생에서 중요한 순간 역시 그렇게 다가온다. 그 순간을 함께 하기 위한 준비가 바로 평소에 자녀의 이야기에 귀를 기울이는 것이다.

아버지와 자녀 사이의 대화는 친밀한 관계를 형성하고 가정에 큰 기쁨을 가져다준다. 사실 아이들은 대화를 통해 문제 해결을 원하기보다는 자기 마음과 생각을 표현하고 부모가 자신을 사랑하고 믿어 준다는 사실을 확인하고 싶어 한다. 그러니 아이와 대화를 할 때 문제를 해결해 줘야 한다는 부담감은 내려놓고 대화하면 좋겠다.

아이의 말을 들을 때 방해 요소를 제거해라. 텔레비전이나 스마트폰이 대표적인 예가 될 것이다. 충분히 듣기 위해서는 시간이 필요하기 때문이다. 자녀와 함께 하기 위해 시간을 투자해라. 만약 시간이 없을 경우 자녀를 사랑한다는 마음의 표현을 하고 둘만의 시간 약속을 꼭 하거라. 아이와의 관계에서는 '시간의 질'만큼 '시간의 양'이 중요하다. 식사 후에 함께 산책을 하거나, 시간을 정해 둘만의 시간을 보내도 좋겠다.

자녀에게 있어서 부모는 최고의 스승이다. 자녀는 학교나 사회에서 배우기 전에 가정에서 부모를 통해 세상을 배운다. 말이 아니라 삶으로, 인격으로, 행동으로, 덕으로 가르치는 아버지가 되기를 응원한다.

질문하는 아이로 키워라

네가 스스로 지혜롭게 여기는 자를 보느냐
그보다 미련한 자에게 오히려 희망이 있느니라

잠언 26장 12절

사랑하는 아들아!

내가 자랄 때만해도 한국의 교육은 다분히 주입식 방법이 대세였는데 지금도 크게 달라지지 않았다는 이야기를 들을 때마다 안타까운 마음이 든다. 내가 생각하는 최고의 교육은 질의응답식 교육이란다. 그런 맥락에서 최고의 교육자는 누가 뭐라해도 예수님이라고 생각한다. 맥체인성경읽기에 따라서 매년 신약을 2번씩 정독할 때마다 4복음서를 통해 만나는 예수님이 정말 위대한 스승임을 재확인하며 감탄하게 된다.

내가 그동안의 경험을 통해 깨달은 교육에 관한 생각을 5가지로 정리해 전한다.

첫째는 스스로 공부하도록 유도해 주도적인 학습자가 되게 해라. 조선 후기의 실학의 대가, 이익 선생은 "자신의 덕을 날마다 새롭게 하려면 모름지기 훌륭한 스승을 만나야 하고, 스승을 만나려면 모름지기 묻기를 좋아해야 한다. 묻기를 좋아하는 것이야말로 덕을 날마다 새롭게 하는 근본이다. 날마다 새롭게 되는 공부는, 오늘 묻기를 좋아하고 내일 묻기를 좋아하며 평생토록 부지런히 노력하여 자만하는 마음을 가지지 않는 데 있다"고 말했다. 나는 초등학생 때부터 항상 질문이 많았다.

둘째는 상상력과 꿈을 키워주는 교육을 해라. 비전과 꿈에 눈뜨게 하는 것이 중요하다. 이 일을 위해서 할 수만 있다면 아이들과 어려서부터 가족여행을 해보기를 바란다. 진정한 여행의 발견은 새로운 풍경을 보는 것이 아니라 새로운 눈을 갖는 것이라고 말한 마르셀 프루스트(Marcel Proust)의 말처럼 새로운 문화와 삶의 방식, 지식 등을 쌓을 수 있는 좋은 기회가 될 것이다.

셋째는 호기심을 자극할 수 있도록 엉뚱한 내용이라도 자꾸 질문을 하게끔 칭찬과 격려를 아끼지 말아라. 나 역시 어린 시절부터 호기심이 아주 많았던 까닭에 주위 사람들로부터 산만하다거나 돈키호테 같다는 비난도 자주 들었다. 그래서 나는 너희들을 키울 때 자꾸 질문을 던질 수 있는 환경을 일부러 만들고 어떤 물음에도 격려와 칭찬을 아끼지 않았다.

넷째는 하나님의 비밀이신 예수님을 말씀과 직접 경험을 통해 더 많이 알도록 가르치고 도와주렴. 인생을 살아보니 정말로 하나님을 경외하는 것이 모든 지식의 근본이더구나. 2022년 3월에 별세하신 여운학 장로의 평생 지론처럼 하나님의 말씀을 어려서부터 많이 암송시키는 것도 아주 좋은 방법이란다.

마지막 다섯째는 공부해서 남 주는 이타적인 인재가 되도록 키워야 한다. 교육의 목적이 중요하다. 내 주위 이웃과 민족과 세계를 더 효과적으로 섬기기 위해 전문성과 통합적인 시각을 갖춘 인물로 아이들을 양육하길 바란다.

그렇게 자란 아이들이 주변과 세상에서 일어나는 일들을 볼 때 자기 생각을 가지고 판단하고 자신의 목소리로 표현할 수 있는 사람이 되지 않겠니? 언제든지 질문을 제기하며 호기심 가득한 눈으로 세상을 바라보는 믿음의 자녀로 키우기를 바란다.

비울 줄 알아야
건강하다

너는 꿀을 보거든 족하리만큼 먹으라 과식함으로 토할까 두려우니라

잠언 25장 16절

사랑하는 아들아!

지금은 금식 3일째를 맞은 오후 시간이다. 매월 초 3일까지 금식을 습관처럼 하고 있지만 할 때마다 힘들고 어렵구나. 이번 달은 너희 엄마가 약을 먹어야 하기에 하루만 금식하고 나 혼자 하다 보니 더 지치는 것 같다. 물론 이 과정을 통해 비교할 수 없는 유익을 얻고 있기에 힘들어도 꾸준히 금식을 하고 있다.

점점 더 많은 사람이 끝없이 채우고자 하는 욕심이 행복이 아니라 고통만 안겨준다는 사실을 알게 되면서, 채우기보다 비우는 일이 훨씬 더 어렵다는 것을 깨닫고 있다. 그래서인지 물질적 풍요의 시대를 사는 현대인들은 비움의 철학을 실천하려고 애쓴다. 그 가운데 우리가 가장 쉽게 실천할 수 있는 방법이 바로 음식을 절제하는 훈련이다. 그중 한 가지가 바로 식사를 할 때 반드시 자기 정량의 80%만 먹는 일이다. 음식을 더 먹고 싶을 때 과감하게 숟가락을 놓으렴. 과유불급(過猶不及)을 "지나친 게 못 미침과 같다"라고 알고 있는데 사실 "지나친 게 못 미치는 것보다 더 나쁘다"가 더 맞는 말이다.

나는 이 진리를 20대에 배워서 실천하고 기회가 있을 때마다 건강 강의를 통해 주변에 알려왔다. 아마도 너희는 처음 듣는 소리라 어리둥절하겠지? 내가 처음 죠이선교회를 통해 복음을 듣고 구원의 감격 가운데 참여한 어느 여름 수련회에서 한의사 장로님의 건강 특강을 감동 깊게 들었다. 그때 내 나이가 21~22살 때였고, 깨알같이 요약한 건강 특강의 내용 그대로 살기로 작정하고 지금까지 그렇게 살아오고 있다.

가정의학과 전문의 임동규는 '내 몸이 최고의 의사다'에서 질병에 관한 생각을 바꿔야 한다며 다음과 같은 네 가지 이야기를 했다. 첫째, 질병은 스스로 선택한 삶의 결과이고 자신을 사랑하지 않은 결과다. 둘째, 질병과 증상은 죽음으로 향하는 나를 돌려세우기 위한 내 몸 안의 처방이다. 따라서 질병을 기회이자 축복으로 여기고, 질병을 고마워하고 두려워하지 말아야 치유에 이른다. 셋째, 치유를 원한다면 질병의 원인을 뿌리 뽑아야 하고, 삶을 바꿔야 한다. 넷째, 아플 만큼 아파야 치유된다.

가정_다른 세대가 아니라 다음 세대를 키워라

식습관은 한 가정의 문화란다. 집안 어른들이 어떤 음식을 좋아하고 어떤 습관을 가지고 있느냐에 따라 자녀들도 그런 성향의 식습관을 평생 유지하게 된다. 사실 성인병은 가족의 식습관에서 비롯되기 때문에 의사들은 가족의 질병 유무를 반드시 질문하곤 한다. 건강의 첩경은 소식(小食)임을 잊지 말아라.

단순히 식습관뿐 아니다. 하나님과 함께 하는 인생길 역시 우리의 뜻을 내려놓고 그분의 뜻을 채워가는 것이다. 그 일을 위해서 침묵도, 홀로 있음도, 금식도, 광야와 실패도 두려워해서는 안 된다. 대표적인 구약의 선지자 아모스는 물질의 풍요 속에서 부족함 없이 살던 이들에게, 종교의 형식만 남아있는 안타까운 상황을 호되게 경고했다. 이런 인간의 어리석음은 세월이 흘러도 변하지 않으니, 요한계시록의 라오디게아교회를 향해 이 경고는 반복해서 나타난다.

"네가 말하기를 나는 부자라 부요하여 부족한 것이 없다 하나 네 곤고한 것과 가련한 것과 가난한 것과 눈 먼 것과 벌거벗은 것을 알지 못하는도다"(계 3:17)

성경의 반복된 경고를 물질의 풍요 속에 살고 있는 우리를 향한 가르침으로 들어야 한다.

작은 습관의 힘을 통해
건강을 지켜라

아침에 눈을 뜨면 팔다리 운동을 하고, 창문을 열고 신선한 공기가 들어오게 해서 깊이
들이마신다. 밤사이 쌓인 폐 속의 공기를 신선한 공기와 바꾸기 위해서다. 스트레칭을
하면 혈액 순환과 림프의 흐름이 활발해진다. 운동이 끝나면 섭씨 20도 정도의 물
500~750㎖를 천천히 마신다. 물을 마시고 20분쯤 뒤에 신선한 과일을 먹는다.

신야 히로미(Hiromi Shinya)

사랑하는 아들아!

건강을 위한 좋은 습관이 필요하다. 오늘 새벽에 기도하면서 이런 생각을 했다. '인생은 습관이고 찬양이다.' 지난해는 글을 쓰고 설교를 하면서 1년 내내 '인생은 찬양이다'를 계속 외쳤다. 성경 전체가 인생과 선교와 전도의 정의를 찬양이라고 분명히 말씀하시는 것을 발견했기 때문이다. 내 나이 70세 기념으로 '인생은 찬

양이다'라는 제목의 책을 쓰고 싶다. '정통과 이단'에 대한 글이 끝나면, 선교와 인생은 찬양이라는 주제의 글을 바로 쓰려고 기도로 준비 중이다.

오늘은 건강을 위한 습관에 대해 몇 가지 이야기하려고 한다.

주변을 보면 내 나이 정도가 되는 보통 사람들이 소위 말하는 성인병을 1~2가지 앓고 있는 모습을 목격하게 된다. 당뇨나 고혈압, 고지혈증, 비만 등 만성적인 성인병은 대부분 생활습관에서 비롯된 질병들이다. 건강은 건강할 때 잘 지켜야 한다. 이것이 지혜로운 인생살이의 첩경이다.

이른 아침의 새벽 시간을 어떻게 맞는가가 중요하다. 새벽 시간에 일어나자마자 너희뿐 아니라 아이들도 먼저 미지근한 상온의 물을 듬뿍 마시기를 권한다. 이것이 습관이 되게끔 해야 한다.

일어나서 간단한 스트레칭을 하며 의도적으로 물을 많이 마시면 너무너무 좋다. 나는 이런 습관을 20대부터 지금까지 거의 40년 이상 실천 중이다. 한 가지 좋은 건강습관을 갖는 것은 인생의 자산이다.

오늘 처음으로 너희에게 말하는 것이다. 작은 습관이 건강한 삶의 평생 기초가 된다. 요즘에는 이곳 파라과이에서 많이 생산되는 레몬 1개 정도를 물통에 담아두었다가 새벽에 거의 250-500cc를 마시고 있는데 너무 너무 좋구나. 세계보건기구의 하루 물 섭취 권장량은 1.5~2리터(8~10잔)라고 한다.

식사 후나 이따금 목이 마를 때는 이미 몸에 물이 부족해 수분

밸런스가 깨진 후다. 갈증이 나지 않더라도 물을 조금씩 자주 마시는 습관이 건강에 좋다. 특히 아침에 일어나서 물을 마시면 잠을 자는 동안 피부를 통해 빠져나간 수분을 보충하고 균형을 유지하는 데 좋다. 또한 물에는 산소와 미네랄 등이 녹아 있어 수분과 함께 미네랄도 섭취할 수 있다. 아이들은 대개 물을 마시는 것을 싫어한다. 그러나 일부러라도 습관을 들이도록 해보아라. 아니 먼저 너희 자신이 이런 습관을 갖기를 강권한다.

아침 첫 시간 일어나자마자 먼저 스트레칭을 꼭 해라. 고맙게도 홍철이가 5년 전에 내가 어지럼증으로 고생할 때 알려준 스트레칭을 지금도 그대로 네 엄마와 계속 하고 있다. 먼저 두 발을 위로 뻗어 올려서 좌로부터 시작해서 우측으로 완전히 구르는 운동을 103회 한다. 왜 103회이냐면 시편 103편 1~5절의 말씀을 묵상하기 위해서다. 특히 3~5절의 "그가 네 모든 죄악을 사하시며 네 모든 병을 고치시며 네 생명을 파멸에서 속량하시고 인자와 긍휼로 관을 씌우시며 좋은 것으로 네 소원을 만족하게 하사 네 청춘을 독수리 같이 새롭게 하시는도다"의 세 구절을 집중적으로 묵상하며 주님 안에서 건강한 나의 모습을 그리고 독수리처럼 새롭게 비상하는 하루가 되기를 상상하며 기도하는 것이다.

이어 전날 밤에 준비해 둔 레몬을 탄 물 7~10모금을 빈속에 꿀물과 함께 맛있게 마시고 또 스트레칭을 계속한다. 이번에는 깍지를 허벅지에 낀 채로 두 발을 뒤로 완전히 구부려 젖혀서 상하로 허리 굴리기 운동을 47회 한다. 또 왜 47회인가? 이번에는 에스겔서 47장의 성전 문지방에서 흐르는 생수가 발목, 무릎, 허리에 차고 건너지 못할 큰 강을 이루는 것을 묵상하는 것이다. 이렇게 새벽 첫 시간부터 내 심령에 말씀과 성령님의 생수가 흘러서 큰 강을 이루어 강 좌우편에 심히 많은 나무에 열리는 풍성한 열매와 이 강물이 닿는 곳마다 생명이 충만하며 바닷물까지 소성함을 얻는 것을 묵상하면서 47회 상하 구르기 운동을 하는 것이다. 파라과이에 온 지 2년 즈음부터 홍철이가 알려준 이 운동을 매일 새벽 시간마다 네 엄마랑 계속 하고 있다. 너무 좋은 효과를 얻고 있어서 너희에게도 추천한다.

매일 오후에는 집 근처의 보타닉 국립공원에 강아지 찬양과 찬미를 데리고 가서 1시간 30분정도 산보와 태권도 운동을 한다. 이번에 뎅기열로 2주간, 또한 복통을 4~5일간 앓고 나니 건강의 소중함을 다시 한번 절실히 느끼게 된다.

건강은 습관이다. 작은 습관이 건강한 삶을 이끌어 준다. 이런 것을 절대로 가볍게 여기지 말기 바란다. 특히 한 가정에서 엄마의 건강은 가족 건강을 지키는 주춧돌이다. 신애, 주혜는 이제 태어난 어린 아이들을 돌보느라 정신이 없지만 그래도 지혜롭게 건강을 잘 챙기기를 당부한다. 사랑하고 축복한다. 내일모레면 큰아들이 런던에서 이곳으로 온다고 생각하니 왠지 기분이 너무 좋구나.

약속은 꼭 지켜라

진실로 너희에게 이르노니 천지가 없어지기 전에는

율법의 일점 일획도 결코 없어지지 아니하고 다 이루리라

마태복음 5장 18절

사랑하는 아들아!

내가 이렇게 1~2주마다 너희에게 쓰고 있는 이 글이 너희들과 손자 손녀들의 인생행로에 잠언으로 읽혀지며 성경 말씀 다음으로 도움이 되기를 기도하며 소망한다.

나는 신뢰야말로 한 사람이 가지고 있는 인격의 가장 중요한 기초요 바탕이라고 생각한다. 가장 먼저 신뢰는 정직에서부터 비롯된다. 자기 자신과 타인에게 정직해라. 내가 꿈에서라도 정직하라고 자주 말하던 모습을 기억하고 있을 줄 안다. 하나님은 정직하신 분이시다. 다른 말로 하자면 하나님은 절대 공의로우신 분이시다. 공의롭고 정직하신 하나님은 그의 아들과 딸인 우리들도 당연히 부전자전으로 정직하고 공의로운 자가 되기를 원하신다.

믿음의 사람 곧 믿을만한 사람이 되어라! 약속한 것은 어떤 경우에도 반드시 지켜야 한다. 설혹 농담 중에라도 상대에게 약속한 일이 있다면 빈말이었다고 변명하려 하지 말고 지켜야 한다. 혹시 약속을 못 지켰을 경우는 깨닫는 즉시 미안하고 죄송하다고 말해라.

말이 가벼운 사람은 자신의 인격이 가볍고 천박함을 단적으로 드러내는 것이다. 실제로 미국이나 영국에서는 신용(Credit)이 무너진 사람이라는 말이요, 사회에서 완전히 매장된다는 것을 의미한다. 요즘의 모든 은행은 각 고객의 신용등급을 계속 점검해 우수고객에게 점점 더 차별된 혜택을 주고 있다. 한 사람의 신용도를 관리하는 일도 단번에 되지 않는 것처럼, 믿음의 사람이 되는 과정도 오랜 세월이 걸린다. 적어도 20~30년 정도 그 사람을 겪어봐야 어떤 환경에서도 변함없고 한결같은 사람인지 알 수 있는 것 같다. 신뢰할만한 믿음직스러운 사람이 되어라!

70 평생을 살면서 수많은 사람들을 경험해 본 결과, 이런 사람이 되는 가장 기초와 기본은 가정에서 시작된다는 것을 확신하게 되었다. 아이들과 무엇인가를 약속할 때 어리다고 적당히 얼버무리며 얼렁뚱땅 넘어가지 말아야 한다. 수많은 자녀들이 엄마 아빠

가 약속했던 많은 항목들을 다 기억하며 그 약속들이 안 지켜지고 공수표로 날아가 버린 일에 실망하는 경우가 허다하다. 그 일이 어린 시절 인격 형성에 절대적인 큰 영향을 끼치게 됨을 직시해야 한다. 나도 약속을 하고 못 지킨 일이 많이 있는 줄 안다. 혹시 내가 너희가 어릴 때 약속했는데 지키지 못한 내용이 있다면 이제라도 말해다오.

나는 우리 가족이 영국에서 유학생활을 하던 초창기, 영국의 낸트위치(Nantwich)에서 있었던 일이 아직도 생생하게 기억난다. 아마도 1994년이나 95년도 초였을 것이다. 그때 나는 홍철이에게 만약 내가 틀리면 100파운드를 주겠다는 약속을 했다. 지금 생각하면 나의 영어 실력이 부끄러워 얼굴을 들 수 없을 정도였지만 이왕지사 들통이 난 김에 여기서 서슴없이 밝히고자 한다. 혹시 신애와 주혜가 "와 그 당시의 아버님의 영어 실력은 정말 형편이 없었네요?" 하고 놀려먹어도 할 말이 없다. 당시 나는 누가복음을 'Nuke'라고 했고 홍철이는 그것이 아니고 'Luke'가 맞다고 계속 주장했다. 나는 당시 아들들에게 영어 문법을 직접 가르치고 있었기에 '홍철이가 알면 무엇을 알겠는가' 하고 얕보며 무시하는 마음이 있었다. 그래서 만약에 내가 틀리고 홍철이가 맞으면 곧바로 100파운드를 주겠다는 약속을 단단히 했던 것이다. 그리고 당시에 보고 있던 킹제임스 버전 영어 성경을 바로 갖고 와 둘이서 머리를 맞대고 누가복음을 찾아 보았다. 나는 홍철이에게 그 자리에서 바로 내가 틀렸음을 시인하고 지갑에서 100파운드 지폐를 꺼내어 아무 소리 없이 건네주었다.

수년이 지난 후에 영국의 각 도시에 있는 한인학교들이 모여서 한국대사관 주최 한글날 기념 백일장 대회가 열렸을 때 홍철이가 애버딘 한인학교 초등부 대표로 참석해 가작 입상을 했었지. 당시의 백일장의 글짓기 주제가 '아버지의 뒷모습'이었는데 홍철이는 수년 전에 나와 내기했던 일을 글짓기 소재로 사용했던 것이다. 당시에 유학생에게는 엄청나게 큰 금액이었던 100파운드를 선뜻 건네받은 일이 홍철이에게는 잊지 못할 기억으로 남았던 것 같다. 그런데 나는 지금도 홍철이가 그 큰돈을 받아서 어디에 사용했는지 궁금하구나. 오늘은 여기까지만 쓴다. 샬롬!

변명하지 말아라

인생에 있어서 변명은 전혀 쓸모가 없다. 버려라. 변명이 필요한 순간 바로 실행하라.
변명은 변명에 불과하고 변명은 또 변명을 낳는다. 변명은 실행과 성공을 동시에 늦춘다.
불만과 불평의 씨앗이고 실패를 증폭시킨다.

방우달

사랑하는 아들아!

모든 인생은 변명의 노예다. 어린아이가 말을 배울 때부터 변명하고 거짓말을 한다. 엄밀히 따지면 모든 변명은 거짓말이다. 거짓의 뿌리는 사단으로 사단은 모든 거짓의 아비다. (요 8:44) 변명에 익숙한 사람, 평소에 핑계가 많은 사람은 대개 진실하지 않은 자다. 변명을 잘하는 자를 대인관계가 좋은 사람이라고 착각할 수 있다. 그러나 지속적으로 계속 변명을 늘어놓는 자는 분명 거짓된 사람이다.

나도 예전에는 꽤나 합리화를 잘하고 변명에도 익숙한 자였다. 그러나 계속 말씀을 묵상하면서 변명은 거짓말의 첫 단추임을 알게 되었다. 설교학에서는 목회 초보자가 자주 범하는 죄를 자기변명(自己辨明)이라고 말한다. 설교단에 서자마자 자신이 설교 준비를 충분히 하지 못했음을 청중들에게 먼저 변명하며 시작하는 것이 자기변명으로 설교학 교수들은 그것을 절대 하지 말아야 한다고 강조한다. 언제나 변명은 또 다른 변명으로 발전하고 비약하게 되어있다. 사소한 것을 숨기려고 거짓말을 하다 보면 또 다른 거짓말을 낳게 된다. 그래서 진실하지 않은 자는 계속 변명만 늘어놓게 된다. 욕심이 잉태해 죄를 낳고 죄가 장성해 사망에 이르는 과정과 똑같다.

나는 지난 70년간 내 주위에 있는 수많은 사람의 언어습관을 지켜보면서 그들의 인생이 어떻게 되는지를 살펴보았다. 대개 변명을 잘하는 사람, 변명으로 일관하는 사람 중에서 형통하고 끝이 좋은 경우를 한 번도 보지 못했다.

변명에 익숙한 사람을 주의해야 한다. 위기를 임시로 모면하기 위해 한두 번의 변명을 하는 행동이 지혜로운 처신으로 여겨질 수도 있다. 그러나 명심하기 바란다. 변명은 또 다른 변명을 낳고 타협하게 만든다. 따라서 변명은 인생의 독초다. 독초를 계속 가까이하고 먹으면 그 인생은 망가지고 병들게 된다. 특히 하나님과 교회 앞에서 변명하지 말아라. 부부 사이에서, 어린아이들 앞에서도 변명하지 말아라.

변명을 하지 않겠다는 의지적인 결단을 하게 되면 그때부터 자신이 행동이 부자유해지고 속박받는 느낌이 들 것이다. 그런 불편도 즐겨 감수하려는 자세가 중요하다. 나는 아직도 솔직히 이따금 나 자신에게 변명할 때가 있다. 그러니 변명하지 않는 습관을 타파하는 것은 일생의 과제라 하겠다. 삶의 건강함을 유지하는 노력을 함께 경주하자.

세상을 더 넓게 경험해라

우리 사회는 꿈도, 직업도 일찍 정해야 한다는 압박이 있는 것 같아요.

하지만 자신의 창의적인 능력을 온전히 펼쳐 보이기 위해서는 일찍부터 한 분야에만

매몰되는 것보다는 조금 더 넓게 세상을 경험하는 시간이 필요합니다.

"나는 깊게 파기 위해 넓게 파기 시작했다"라는 철학자 스피노자의 말처럼 말이죠.

이화선

사랑하는 아들아!

대개 한 사람의 됨됨이는 그가 어떤 인생 경험을 하며 성장했는지와 직결된다. 인생 경험을 얻는 방법은 다양하지만 대략 책, 사람, 여행이라고 볼 수 있다. 많은 책을 읽고 많은 사람을 만나고 다양한 곳을 직접 찾아가보는 것이 가장 좋은 방법이다.

또 다른 2가지 실천 방법이 있다. 먼저 수직적이라고 말할 수

있는 역사를 통한 배움이다. 옛사람들이 쓴 고전이나 역사서를 통해 역사 속 인물의 사고와 삶의 방식을 공부할 수 있다. 또한 수평적으로 동시대의 나와 다른 환경과 공간 속에서 살고 있는 사람들과의 만남, 독서, 여행을 통한 경험이 가능하다.

물론 선택할 수 있다면 직접 경험이 훨씬 좋은 방법이다. 자신이 직접 경험하지 않은 내용은 제대로 된 지식이 되기 어렵더구나. 책을 읽어서 아는 지식을 우리는 간접경험이라고 하는데, 이렇게 얻은 지식을 온전한 것으로 만들기 위해서는 자신의 노력이 필수다.

예전에 내가 극동건설 본사에서 근무할 때 이를 생생히 경험했다. 당시 회사는 중동 여러 곳에 건설 현장이 있었기에 직원들 대부분은 이미 해외에 여러 번 오가며 현장 경험을 가지고 있었다. 그런데 당시 내 주변에 중동 현장에 대해서 너무나 훤히 꿰뚫고 있는 직원이 2명 있었다. 회식이나 점심시간에 이들이 현장에 대해 이야기 하는 내용을 들으면 너무나 생생했다. 그런데 나중에 알고 보니 이들은 중동 현장에 한 번도 나갔던 경험이 없는 직원이었다. 그때 나는 많이 아는 것처럼 보여도 실제 지식과는 다를 수 있다는 진리를 깨닫게 되었다.

나의 생애를 돌이켜 볼 때, 하나님은 지난 세월 동안 참으로 다양한 인생 경험을 하게 하셨다. 너무나 감사할 뿐이다. 사우디아라비아, 영국, 아프리카, 파라과이 등을 거치면서 새로운 환경에 나 자신을 던지며 모험하는 것을 즐기게 되었다. 이런 경험을 통해 배운 몇 가지 깨달은 것들을 함께 나누길 원한다.

첫째, 가능하면 젊은 시절에 다양한 경험을 많이 하도록 해라. 아이들을 키우면서 이 조언을 꼭 명심해라. 너희들이 아이들을 양육하기 위해 내가 미처 생각하지 못했던 다양한 방법을 시도하며 애쓰는 모습을 볼 때마다 내 마음이 뿌듯해지는구나.

둘째, 경험을 하되 적극적으로 '현장의 사람'이 되라. 계절이 바뀌는 것처럼 세상 역시 빠르게 변하고 있다. 이 변화에 어떻게 대처하느냐에 따라 인생의 방향이 달라진다. 그렇기에 변화 앞에서 피상적이며 엉거주춤한 수동적인 태도는 절대 금물이다. 변화를 예상하고 주어진 환경을 긍정적으로 받아들이고 능동적으로 대처하며 그 안에서 최선을 다하자. 제자리에 안주하려는 자세는 사람의 본성이기에 변화에 대응하는 연습이 필요하다. 변화는 성장의 기회라는 사실을 명심하자. 변화를 잘 겪어낸 요셉처럼 하나님의 인도하심을 인정하고 감사하며 나아가자.

셋째, 모든 것을 다 직접 경험할 수 없다. 그래서 간접경험이 중요하다. 사람의 인생이 100년이라면 그동안에 경험할 수 있는 것은 지극히 제한적이다. 사실 경험을 통한 배움은 한계가 명확하다. 그래서 프로이센의 재상 비스마르크(Bismarck)는 "어리석은 자는 경험에서 배우고 현자는 역사에서 배운다"라고 말했다. 그래서 바깥에서 배움의 대상을 찾는 간접경험이 필요하다. 대표적인 간접경험은 다양한 장르의 독서다. 어려서부터 고전과 위인전 속 인물에 대한 글들을 즐겨 읽게 해라.

마지막으로 가능하면 현장을 경험한 사람을 직접 만나서 생생한 이야기를 많이 듣도록 해라. 가능하면 그 분야의 대가와 직접 만나라. 그것이 어려우면 책을 통해 해당 인물들을 자주 만나게 해줘라. 아이들과 함께 이런 경험을 많이 하면 더욱 좋을 것이다.

적극적으로 변화에 대응하는 사람의 눈에 보이는 것이 기회다. 다양한 경험을 통화 변화를 대비하고 기회를 붙잡기를 바란다.

2
신앙
예수님 대학(Jesus College)에서 졸업은 없다

매일 찬양하며 살아라

이 백성은 내가 나를 위하여 지었나니 나를 찬송하게 하려 함이니라

이사야 43장 21절

사랑하는 아들아!

사람들은 노래를 무척 좋아한다. 아이들, 청장년, 노년 세대도 예외 없이 노래를 좋아하며 즐기고 있다. 이것은 인종, 종족, 민족, 혈통을 뛰어넘는 공통된 현상이다. 선교지에서 만난 아프리카 인들이 얼마나 열정적으로 노래를 즐기는지 모른다. 이곳 남미 사람들도 가족이나 친지의 생일이나 기념일을 맞으면 밤새도록 음악을 틀어놓고 노래를 부르곤 한단다. 때로는 그 음악 소리에 밤잠을 설칠 때가 종종 있을 정도다. 왜 이렇게 모든 사람들은 노래를 좋아할까? 그것은 하나님이 인생을 창조할 때부터 이미 그 심

령에 노래의 DNA를 장착해 두셨기 때문임을 말씀이 증거하고 있다.

"이 백성은 내가 나를 위하여 지었나니 나를 찬송하게 하려 함이니라"(사 43:21)

세상 사람들은 창조주 하나님, 구세주 예수님을 모르기에 당연히 세상 노래를 부르게 되어 있다. 하나님을 알지 못할 때 나 역시 노래를 좋아해서 유행가를 열심히 불렀다. 중고등학교 시절에 나는 새로운 유행가가 나오면 재빨리 배워 학교 친구들 앞에서 근사하게 부르곤 했는데, 그때마다 친구들이 감탄하며 부러워했다. 그러면서도 유행가 가사가 너무 허무하고, 나와는 아무 상관없는데 그냥 불러야 한다는 상황에 큰 불만을 갖기도 했었다.

사랑하는 아들아 잘 들어라. 모든 인생이 찬양을 부를 때 명심해야 할 6가지는 다음과 같다.
첫째, 우리 인생의 창조 목적이 하나님을 찬양하기 위함이기 때문이다.
둘째, 이미 믿음의 선진들과 공교회(公敎會)에서 오랫동안 불러와 검증이 된 오래된 찬양곡을 더 즐겨 부르면 좋겠다.
셋째, 최고의 찬양은 성삼위 하나님을 찬양하는 찬송이며, 또한 말씀을 내용으로 한 찬양(시편 찬송)이라고 생각한다. 따라서 우리말 찬송가 중에서 앞쪽 1~100장 안에 들어있는 모든 찬양을 새벽 시간에 많이 부르면 너무 좋다. 나는 매일 새벽마다 100장 안에 있는 찬송가 중에서 7곡 정도를 20분 정도 부르는데 얼마나 좋은지 모른다. 가정 예배 때에 아이들과 함께 찬송가 속 찬양을 많이 부르길 바란다.

넷째, 찬송을 할 때는 건성으로 부르거나 혹은 구색 맞추기식으로 부르지 말아라! 모든 찬양을 작시자(作詩者)의 마음과 작곡가의 심령을 담아서 불러라!

다섯째, 찬송도 때에 맞게 불러야 한다. 모든 경우에 언제나 다 좋은 것이 찬송이지만, 가정예배나 새벽기도, 혹은 공예배에 꼭 맞는 찬송을 선곡하는 일에는 고도의 영성이 요구된다. 그 과정에서 곧 그 사람이 가지고 있는 영성의 단면이 드러난다.

마지막으로 모든 찬양은 내 신앙고백을 담아 마음과 뜻과 정성을 다해서 진정성 있게 불러야 한다. 자기가 부르는 찬양의 뜻도 잘 모르면서 주위의 분위기에 휩싸여서 그냥 부르지 말아야 한다.

이사야 43장 21절에서 하나님은 "나의 찬송을 부르게 하려 함이니라"(개역한글)고 하셨다. 모든 찬양은 '나의 찬송'으로 내 마음과 뜻과 정성을 다해 작시가의 마음과 작곡가의 심령으로 불러야 한다. 무더위가 기승을 부리더니, 오늘은 비가 내려 덥지 않아서 얼마나 좋은지 모르겠다. 할렐루야!

인내를 통해
하나님의 인도하심을 배워라

인내를 온전히 이루라 이는 너희로 온전하고 구비하여 조금도 부족함이 없게 하려 함이라

야고보서 1장 4절

사랑하는 아들아!

현대인은 참지 못하는 조급증의 시대 속에 살고 있는 듯하다. 인생은 참는 것이다. 버티는 힘이 중요하다. 지난 70 평생을 살면서 수도 없이 경험한 진리 중의 하나가 매사에 오래 참고 버티는 자가 승리한다는 점이다. 그래서 성경은 사랑은 오래참고, 견디고 인내하는 것(고전 13:4, 7)이라 정의했다.

내가 옛날에 고시공부를 했을 때의 일이다. 통신공사에서 직장생활을 하면서 동국대학교 3학년 편입시험을 치렀다. 120~130명이 두 교실에서 시험을 치루는데 단 1명의 합격자만 뽑았다. (실상은 그 당시 2명이 합격했는데, 다른 동료 합격자는 자기 실력으로 합격한 것이 아니라고 스스로 내게 고백했다.) 엄청난 경쟁률에 떨어지면 어떡할까 하는 불안한 마음이 들어 합격자 발표를 보러 갈 용기도 나지 않을 지경이었다. 떨리는 마음으로 눈보라가 휘날리는 합격자 발표일에 동국대학교 후문 언덕을 올라 발표장까지 갔었다. 그런데 큰 게시판에 한자로 내 이름 중간 글자인 평안할 안(安)자가 크게 보이는 것이었다. 가슴이 두근거렸다. 다음에 내 이름 석자 '裵安鎬'가 한꺼번에 눈에 들어왔다. 그때의 감격과 기쁨은 이루 말로 형언할 길이 없더구나.

어려운 편입시험을 뚫고 유일하게 합격한 나를 주목한 학교 측은 고시에 도전하기를 권했고 그렇게 자의반 타의반으로 고시 공부가 시작됐다. 군생활 포함해서 10년간 다니던 직장에 사표를 내는 배수의 진을 치고 행정고시에 합격하기 위해 4시간 안팎으로 잠을 자면서 하루에 15~17시간씩 헌법, 민법, 행정법, 재정학, 경제학 등을 공부하는데 전념했다. 그 당시 고시생들은 '4당 5락'(1970년대 생긴 신조어로 4시간 자야 대학에 합격할 수 있고 5시간 이상 자면 떨어진다는 의미)이란 말을 굳게 믿으며 잠을 줄여가며 치열하게 공부했다. 내 생에서 가장 열심히 책과 씨름하던 시절이었다.

정말 열심히 공부했으나 시험 결과는 대실망이었다. 당시 동국대학교 고시반에서 같이 공부하던 친구들 중에 합격생들이 여러 명 있었다. '내가 저들과 다른 점이 도대체 무엇일까?' 한참을 고민하던 나는 그들의 엉덩이가 더 무거웠음을 깨달았다. 평소 공부할 때 서로 큰 차이가 없었는지는 몰라도 나는 엉덩이가 가벼웠던 것이다.

그후 어느 날, 너희들의 할아버지가 내 앞에서 "아들아, 나도 제발 다른 사람과 같이 손자를 한번 안아보고 싶다"고 눈물을 흘리시는 모습을 보고서 고시 공부를 내려놓았다. 그 당시 이미 나의 두 여동생은 모두 결혼했기에 더욱더 그럴 수밖에 없었다. 돌아보니 그때가 내 인생의 갈림길이었다. 그리고 당시 가장 대우가 좋았던 해외건설회사 중 하나인 극동건설에 하나님의 도우심으로 경력직으로 입사했다. 그 때는 고시를 끝까지 하지 못한 열등감이 매우 많았고, 한동안 새로운 정부가 들어서고 장차관을 임명하는 시점이 되면 여러 가지 생각으로 힘든 날도 솔직히 있었다.

그때마다 하나님은 나를 격려하고 응원하시며, 더 좋은 곳으로 인도하신다는 확신을 주시곤 했다. 그렇게 통신공사 10년 시절 못지않게 극동건설에서도 최선을 다하는 중에 최우수 모범사원으로 뽑히기도 하고 직장 신우회를 창립해 성경공부를 인도하기도 했다. 나를 정확하게 잘 아시는 하나님은 고시에서 실패하게 하셨고, 오히려 거친 직장생활에서 성공적인 신우회 활동을 통해서 영혼 구원에 매진하게 하셨던 것이다. 직장에서 하나님 나라 운동을 하게 하시다가 어느 날, 때가 차매(갈 4:4) 신학교로 인도하셨고 지금 목사이자 선교사로 사용하고 계신 것이다.

내 체질을 아시는 주님이 가장 선하고 좋은 곳으로 인생길을 인도하셨다고 믿는다. 만약 그 당시 내가 고시에 합격했다면 평생토록 그것을 '은근히 자랑질'하며 주위의 많은 사람을 힘들게 했을 것이다. 하나님은 미리 나의 그런 교만한 체질을 잘 아시고 가장 안전한 길로 인도하신 것이다. 그후에 내가 스코틀랜드 애버딘 대학교에서 선교역사를 다룬 논문을 써서 철학박사(Ph. D)학위를 취득한 것을 자랑거리로 여기지 않게 된 것도 이런 하나님의 광야 훈련장을 통과한 덕분이었다.

만약 내가 그와 같은 광야훈련을 거치지 않았다면 오히려 많은 것이 부족한 채로 살아야만 했을 것이며, 인생에서 두려운 일을 만날 수밖에 없었을 것이다. 너희도 인생에서 어려움을 당할 때, 용기란 두려움에도 불구하고 행동하는 것, 즉 두려움에 함몰되려는 마음과 싸워 미지의 미래 세계로 나아가는 것이라는 스캇 펙(Scott Peck)의 조언을 기억하면 좋겠다. 때로 하나님은 생각하지 못한 곳으로 너희를 이끌어 가실 것이다. 그때야말로 두근거리는 기대감을 가지고 희망으로 마음을 가득 채우렴.

너의 보물을
하늘에 쌓아 두어라

오직 너희를 위하여 보물을 하늘에 쌓아 두라

마태복음 6장 20절

사랑하는 아들아!

너희도 잘 알다시피 나는 돈 모으는 재주는 없는 사람인가 보다. 그러니 너희들의 고생이 얼마나 많았겠느냐? 그러나 돈이 없다고 기죽어 살거나 어디에다가 비굴하게 손을 내밀고 도와달라는 소리는 안하고 살아왔다.

극동건설에서 나의 자리는 국내 현장에서는 자재부요, 해외 현장에서 외자부(外資部) 직원이었다. 한마디로 건설자재를 구입조달하는 일을 맡은 자리였다. 외자부 직원으로 공금을 주머니에 항상 두둑하게 넣고 다니면서도 단돈 1원도 나를 위해 취하지 않았다.

퇴직금을 받아서는 돈 봉투째로 아버지께 그대로 드렸던 나는 어느 주일에는 부평에서 서울 서대문구의 연희교회까지 오갈 차비가 없어서 돈을 빌려서 간신히 오가기도 했다. 그러나 하나님은 우리 가족을 여기까지 인도하셨다. 그 비결이 바로 돈의 많고 적음이 아니라 돈을 대하는 마음에 있었던 것 같구나.

미국의 찰스 F. 피니(Charles F. Feeney)라는 사업가는 35년 동안 9조원을 익명으로 기부했다고 한다. 2016년 약 700만 달러를 모교 코넬대에 기부하면서 마지막 재산까지 사회에 모두 환원했다. "그는 '살아 있는 동안 재산을 모두 사회에 환원하겠다'는 자신의 소망을 이뤘다"고 뉴욕타임스가 보도했다. 이와 같은 소망을 가진 사람을 보는 일은 매우 드문 일이다.

한경직 목사의 삶 역시 주목할만하다. 그는 1992년 종교 분야의 노벨상이라 할 수 있는 템플턴 상을 아시아인 최초로 수상했고, 그 상금은 102만 달러였다. 한 목사는 상금을 받자마자 북한을 위해 써 달라며 모두 선교헌금으로 드렸다. 그러면서 그는 "1분 동안 백만장자가 돼 봤다"며 환하게 웃었다고 한다. 98세를 일기로 생을 마감한 한 목사가 남긴 것은 안경과 낡은 양복 몇 벌, 일인용 침대, 낡은 성경책이 전부였다고 한다.

예수님께서는 사람의 생명이 소유의 넉넉함에 있지 않으므로 탐심을 물리치라고 하셨다.

"그들에게 이르시되 삼가 모든 탐심을 물리치라 사람의 생명이 그 소유의 넉넉한 데 있지 아니하니라 하시고"(눅 12:15)

　인생의 모든 영화는 순식간에 지나간다. 그래서 주님은 "너희를 위하여 보물을 하늘에 쌓아 두라 거기는 좀이나 동록이 해하지 못하며 도둑이 구멍을 뚫지도 못하고 도둑질도 못하느니라 네 보물 있는 그 곳에는 네 마음도 있느니라"고 말씀하셨다. (마 6:20~21)
　나는 하나님의 나라와 그의 의를 위해서 모든 삶과 인생을 걸었다. 어느 날 내 나이 육십이 되어 주위를 둘러보니 신앙이 없는 고등학교 친구들은 말할 것도 없고 동년배의 목사님이나 선교사님 중에 많은 사람들이 노후 준비를 거의 완벽하게 해 놓은 것을 알게 되었다. 나는 세상이 말하는 노후준비를 한 적이 없다. 다만 너희 엄마가 뒤늦게 국민연금을 너희들의 도움으로 넣어서 한 달에 30여만원 나오는 것이 전부다. 그러니 나는 정말 대책이 없는 삶을 사는 자라고 할 수 있겠구나. 그러나 사랑하는 아들아, 며느리야! 나에게는 든든한 노후준비가 되어있다. 그것은 하나님의 말씀에 내 인생을 거는 것이다.

"내 소유는 이것이니 곧 주의 법도들을 지킨 것이니이다"(시 119:56)

　어느 날 이 시편 말씀을 읽고 묵상하다가 순간적으로 전율할 정도로 눈이 열리는 체험을 했다. 이 말씀을 고백한 시편 기자의 마음이 내게 큰 위로와 깨달음으로 다가온 것이다. 주의 법도를 묵상하며 더욱 그 말씀대로 살기 위해 매일 아침 결단하고 있다.

하나님은 돈을 관리하는 청지기로 우리들을 부르셨다. 그렇기에 우리는 하나님을 섬기고, 하나님 나라를 확장하기 위해 돈과 우리의 재능을 사용해야 한다. 돈을 얻기 위해 하나님을 이용해서는 안 될 것이다. 정직하게 돈을 벌 수 있으면 벌어라! 그리고 하나님 나라를 위해서 가난한 자와 고아, 과부를 섬기고, 가능성이 있는 미래의 지도자를 키우는 일에 재물과 재능을 마음껏 사용하는 삶이 되기를 바란다.

예수님 대학(Jesus College)에서
졸업은 없다

수고하고 무거운 짐 진 자들아 다 내게로 오라

내가 너희를 쉬게 하리라 나는 마음이 온유하고 겸손하니

나의 멍에를 메고 내게 배우라 그리하면 너희 마음이 쉼을 얻으리니

마태복음 11장 28~29절

사랑하는 아들아!

나는 어린 시절부터 교육에 대한 관심이 많았고 일찍부터 선생님을 꿈꿨단다. 그중에서도 전인교육이 가능하다고 생각한 초등학교 선생님이 되고 싶었다. 중고등학교를 다닐 때도 나를 가르친 선생님들이 "자네는 교육자가 되면 좋겠다"고 여러 번 권해주셨다. 곰곰이 생각해보니 교육자, 선생님, 교수님이라는 꿈이 이미 이루어졌더구나. 그것은 바로 목사와 선교사가 된 것이다. 나는

평생 정년이 없이 성경의 진리를 가르치고, 제자훈련을 하는 자가 이 시대가 요구하는 목사와 선교사의 핵심 사역이라고 생각한다.

큰아들 홍철이의 케임브리지대학교 지저스 칼리지(Jesus College) 졸업식에 참석했던 날, 성령님께서 내게 부드러운 음성으로 물으셨다. "아들아, '예수님 대학(Jesus College)'에 졸업식이 있느냐?"

나는 그 질문에 큰 충격을 받고 두 눈에서 주르륵 눈물이 흘렀다. 그때 깨닫게 하신 선생과 제자에 관한 교훈이 있단다. 바로 '일반 학교에는 졸업이 있지만 인생 학교, 예수님 대학에는 졸업이 없다'는 사실이다. 이 땅에서 천국으로 이민 가는 날이 졸업식 날이라고 생각하렴. 평생 기도 학교, 말씀 학교, 인격 학교인 예수님 대학에서 죽을 때까지 배우는 자가 되어라.

나는 너희가 야고보서 3장 1절에 있는 "선생이 많이 되지 말라"는 말씀처럼 선생 이전에 먼저 예수 안에서 잘 배우는 제자로 살아가기를 원한다.

그렇게 배운 내용은 이론으로 끝나서는 안 되고 삶의 현장을 통해 검증이 돼야 한다. 삶과 연결된 경험하는 교육이어야 한다는 말이다. 나는 70여 년을 살아오면서 숱한 사람들을 만나보았다. 그 와중에 깨달은 점을 한마디로 요약하자면 학교 졸업장이나 학위가 인생에서 그렇게 중요하지 않다는 사실이다

예수님은 사람들에게 "다 내게로 오라(Come to ME)"고 초청하

신 후 "내게 배우라(Learn from ME)"고 말씀하셨다. (마 11:28~29)
예수님 대학에서 우등생이 되는 첩경은 '오직 순종' 뿐이다. 예수
님 대학에서는 절대로 자동진급이 있을 수 없다.

주변을 둘러보면 교회에 다니지만 도무지 영적으로 성장하지
않는 사람, 아예 곁길로 가버린 많은 사람을 보게 될 것이다. 교회
에 다니고, 성경을 배우고, 말씀을 듣는 것만으론 절대로 충분하
지 않다. 순종해야 성장하고 성숙해질 수 있다.

어떻게 순종해야 할지 잘 모르겠다고 말하지 말아라. 주님은 당
신의 뜻을 행할 의지가 있는지 관심이 있으시다. 우리 함께 예수
님 대학에서 학생으로 평생 살아가자!

감사하는 삶을 살아라

기도를 계속하고 기도에 감사함으로 깨어 있으라

골로새서 4장 2절

범사에 감사하라 이것이 그리스도 예수 안에서 너희를 향하신 하나님의 뜻이니라

데살로니가전서 5장 18절

사랑하는 아들아!

이곳은 무더위가 기승을 부리고 있다.

3년 동안 묵묵히 우리를 후원해 오던 A교회에서 내년부터 후원을 중단한다고 하는구나! 돌아보니 벌써 3년이라는 시간을 함께할 수 있었으니 감사한 일이다. 그간 매번 선교서신 등을 통해 교제하며 나눴던 시간과 사연들이 머릿속을 스쳐 지나간다. 앞으로도 A교회의 연로한 장로님과 목사님, 사모님을 위해 계속 기도해야겠다.

나는 이런 변동사항들이 있을수록 감사를 드리며 더 의연하게 하나님만 바라보며 의지하기 위해 애쓴다. 생각해보니 선교후원도 감사하지만 더 중요한 것은 훈훈한 사랑의 관계였다. 특히 영국에 있는 큰아들 부부는 임신 중 태아가 건강하지 못해 수술을 받으며 힘든 고비를 지날 때 A교회가 한마음으로 간절히 기도해준 사랑을 잊지 말기 바란다. 사람은 너무나 간사해서 급한 일이 지나면 쉽게 잊어버리고 언제 그런 일이 있었느냐는 식으로 행동할 때가 너무나 많다. 아들아, 너희 부부는 그렇게 살지 말아라. 사랑을 받은 자로서 힘들게 살아가는 이웃을 찾아가서 선한 이웃이 되는 삶을 소리 없이 살아가길 기도한다.

작은아들 가족은 신학공부를 시작하는 이즈음에 하나님이 함께하시는 은혜를 가장 많이 체험하고 있을 것이라고 생각한다. 어떤 경우에도 다른 사람에게 궁색한 모습을 보이지 않도록 극히 조심해라. 오직 하나님께만 의뢰하는 기도의 사람이 되어야 한다.

우리 가족이 스코틀랜드 애버딘에서 살던 때는 국가적으로도 IMF를 만나서 가장 힘들고 어려웠던 시절이었다. 어렸던 너희들은 자세한 사정을 몰랐을 것이다. 그때 우리는 하나님 앞에서 믿음의 정면승부를 했단다. 더 의연하고 당당하게 올곧은 믿음으로 새벽에 하나님께 엎드렸다. 그 당시 애버딘대학교에서 학부, 석사, 박사 과정을 밟고 있던 35명의 한국인 학생들은 비상대책위원회를 구성했고 내가 위원장이 되었다. 나는 비상대책위원회의 의견을 수렴해서 애버딘대학교 부총장과 재정담당관 등이 참석한 4자 회담에서 하나님이 주시는 지혜를 힘입어 긍정적인 방향으로 논의를 끌어낼 수 있었다.

나는 학교 당국과의 회담에서 지금이야말로 애버딘대학 당국이 강도 만난 이웃이 된 한인 학생을 발 벗고 나서서 도울 때임을 막힘없이 논리정연하게 설득해 나갔다. 너희가 잘 아는 대로 내 영어 실력이 그리 탁월하지 못했지만 그 순간만큼은 성령께서 놀랍게 함께 하셔서 학교 당국자들이 감동을 하게 되었다.

그 미팅을 위해 여러 번 한인학생 비상대책회의를 하면서 오래 전부터 한국의 공무원과 군인들이 애버딘대학교에 유학을 와 공부하고 한국 사회 곳곳에서 리더가 되어 국가 발전에 크게 이바지하고 있음을 알게 되었고, 감사한 마음을 갖게 되었다. 나는 이런 사례들을 열거하면서 동양의 전통에서는 어려울 때 조건 없이 도움을 베푸는 것이 진정한 우정이라고 설명했고, 성경의 선한 사마리아인의 비유도 같은 주제라고 말하며 담당자들을 설득할 수 있었다.

나중에 알게 된 사실인데 우리 애버딘대학교의 한국 학생들이 영국 전체 대학 중에서 가장 혜택을 많이 본 것으로 판명이 났더구나. 이렇게 해서 애버딘대학의 한국 학생들은 3가지 큰 혜택을 보게 되었다.

첫째는 당장 생활고에 시달리는 한국 학생들 전원에게 생활비 지원자금(Hardship Fund)으로 500~1000파운드의 긴급 생활비를 도와준다. 자녀의 수 등을 감안해서 학교 당국이 차등 지불한다.

둘째는 등록금이 밀려있는 상황에서는 일절 졸업이 안 되지만, 그해에 한해서는 학부, 석사, 박사 졸업을 가능하게 하고, 밀린 등록금은 추후 형편이 되는대로 개인적으로 갚기로 한다.

셋째는 모든 한국 학생들에게 새 학기의 모든 등록금과 입학금을 무조건 10% 깎아주기로 한다.

이상의 협상 내용과 결과를 당시의 런던 바이블 칼리지의 교수로 있던 최종상 선교사에게 자세히 이야기 했더니 대학교 당국에서 한국 학생들에게 그 정도로 선처를 베푼 것은 영국에서도 손에 꼽을 일이라고 알려주었다. 그 당시에는 미국과 런던에서 유학하던 많은 한국 유학생이 IMF 외환위기로 짐을 싸서 귀국하던 시절이었으니 만약 학교 당국과의 회담 결과가 달라졌다면 어땠을지 생각만 해도 아찔하구나.

"우리의 삶은 감사할 때 비로소 풍요로워진다"는 디트리히 본회퍼의 말처럼, 살아보니 무언가를 가지고 있기 때문에 감사한 것이 아니라 감사하기 때문에 풍요로워지는 것이 하나님의 원리더구나. 사소한 것처럼 보이는 일상과 관계에도 하나님의 특별한 의미가 있음을 알고 감사하며 소중히 여겨라. 그럴 때 평범한 것처럼 보였던 날들에서 하나님의 기적과 신비를 경험하며 감사가 습관이 될 것이다.

바울이 데살로니가교회의 교인들에게 "범사에 감사하라"고 말할 때 과거형이나 완료형으로 말하지 않고 현재 명령형을 사용한 이유를 묵상할 필요가 있다. 감사는 자연적으로 되는 것이 아니라 애써야 할 일이며, 멈추지 않고 계속해야 할 일이기 때문이다. 인생을 살면서 감사를 선택사항이 아니라 필수사항으로 생각해라.

인생을 살아보니 평범하고 작은 일에 감사할 때 하나님께서 꼬리에 꼬리를 무는 더 큰 감사로 인도하시더구나. 그럴 때마다 나는 오병이어 기적의 시작이 된 아이의 순전한 마음을 상상해 보곤 한다. 내 생각을 뛰어넘는 일을 눈앞에 더욱 놀랍게 펼쳐주실 주님을 나는 매일 기대하고 있다.

그렇게 살다 보면 문제 속에 감춰진 감사의 싹을 볼 줄 아는 눈을 가지게 된다. 모든 것이 합력하여 선을 이루게 하시는 하나님은 우리가 받을 준비만 되어 있다면 언제나 우리를 위해 깜짝 놀랄 기쁨의 선물을 예비하고 계시기 때문이다. 감사라는 축복의 씨앗을 잘 간직하고 키워가길 바란다.

혼자 있는 시간을 즐겨라

우리에게 창조적 고독, 다시 말해 혼자 있는 시간이 필요하다.

만약 이런 재충전의 시간이 주어지지 않는다면 창조성은 고갈되고 말 것이다.

그리고 시기를 놓치면 지치는 것보다 더 나쁜 상태가 나타날 수도 있다.

줄리아 카메론(Julia B. Cameron)

사랑하는 아들아!

사람은 사회적 동물이라는 아리스토텔레스(Aristoteles)의 말을 인용하지 않더라도, 가정이나 교회, 일터만 둘러봐도 우리가 공동체이자 작은 사회에 속해 있음을 실감할 수 있다. 그렇기에 가족, 확대된 교회 공동체나 일터의 사람들과 화목한 관계를 맺으며 소통하는 것은 너무나 중요하다.

그런데 이것이 다가 아니다. 사람에게는 반드시 개인적인 시간이 필요하다. 리처드 로어(Richard Rohr)는 울타리를 치고 자기 정체성을 지키고 종족을 번식하고 본능을 다스리는 교육을 받는 것 정도로는 인간다운 삶이라고 말할 수 없다고 말했다. 맞는 말이다. 사람에게는 홀로 있는 시간이 절대적으로 필요하다. 나는 오랜 시간 동안 이것이 중요하다는 것을 간과하고 그 중요성을 제대로 알지 못하면서 살아왔다. 내가 좀 더 일찍 이 중요한 진리를 터득했더라면 하는 아쉬움이 크다. 그래서 이와 관련된 글을 너희들에게 가슴으로 전해 주고 싶어서 몇 자 쓴다.

사람은 모름지기 혼자 있을 때 자신을 차분하게 돌아보며 기본을 점검하고 기초를 다질 수 있다. 사회생활을 하다 보면 야단스럽고 시끄러운 사람, 말이 헤프고 계속 떠벌이는 사람을 자주 목격하게 된다. 나 자신도 그런 경우가 적지 않았다. 솔직히 지금도 그때를 생각하면 부끄러울 뿐이다. 그런 사람들을 살펴보면 대부분이 속이 허한 경우가 많다. 그래서 그 공허함을 남에게 인정받는 것으로 채우려고 더 야단을 떨게 된다. 이런 과하다 싶을 정도로 자신을 드러내는 현상이 늘어나는 것은 주목과 관심을 받지 못한 인생들이 많아져서가 아닐까 싶다.

혼자 있는 시간에 무엇을 생각하고 무엇을 하는지 보면 그 사람의 진면목을 정확히 알 수 있다. 처음에는 힘들 수 있지만 너희는 혼자 있는 시간을 즐길 줄 알아야 한다. 나 역시 아프리카 선교지나 한국에서의 꽤나 긴 안식년(7~8년) 기간 등 오랜 세월 혼자 있는 기간을 겪으면서 배운 사실이다. 너희는 더 일찍부터 적극적으로 그 시간을 즐기며 생산적으로 보냈으면 좋겠구나.

이제 나는 혼자 있는 시간을 통해 성경연구를 즐기고, 새벽기도 시간에 말씀묵상을 더 깊이있게 향유하는 기쁨을 누리고 있다. 이 시간이 나의 나 됨을 튼튼하게 형성해준 가장 중요한 힘이구나.

보통 사람들은 혼자 있는 시간을 무료해 하며 무엇인가를 즐길 것을 찾아 헤맨다. 지금 나는 그렇게 방황하며 시간을 낭비하는 것이 가장 큰 죄악이라고 생각한다. 내가 그간 70여 평생을 살면서 혼자 있는 시간을 때로는 많이 낭비하기도 하고, 생산적으로 사용하기도 하면서 나름대로 정리한 몇 가지 원칙을 소개한다.

첫째, 혼자 있는 시간을 먼저 환영하고 좋아하도록 해라. 침묵 속에서 살아계신 하나님의 음성을 듣게 될 것이다. 기독교 역사 속에서 많은 사람들이 주님과 고요히 교제할 수 있는 장소와 시간을 정해놓고 매일 그 자리에 머물며 말씀 속으로 들어가 놀라운 평안을 누려왔음을 알 수 있다.

둘째, 그 시간을 낭비하지 말고 가능하면 좋은 음악이나 책을 무조건 펴서 읽어라. 그것을 위해서 평소에 읽고 싶은 책들을 방이나 거실, 차에 항상 비치해 두는 것도 좋은 방법이다.

셋째, 가장 좋은 시간 활용은 역시 성경 말씀을 읽고 암송하는 것이다.

넷째, 이 시간에 시공을 초월해서 나와 인연을 맺은 친구들, 교회, 직장, 사회에서 만났던 사람 중에 최근 새벽기도 시간에 떠오른 이들에게 이메일이나 SNS로 '격려의 안부'를 짧게 보낼 수도 있다. 이렇게 내가 먼저 친밀하게 안부를 묻고 기억하고 있다는 사실을 알면 상대방이 얼마나 좋아하며 고마워하는지 모른다.

마지막으로 혼자 있는 시간에 가벼운 운동복 차림으로 가까운 공원이나 거리를 30분에서 1시간 정도 조깅을 한다. 달리면서 말씀을 암송하거나 누군가를 위해 기도한다.

가장 단순한 영성 훈련은 홀로 있으면서 침묵하는 것이다. 의외로 단순해 보이는 이 일이 쉽지 않다. 생각없이 습관적으로 해오던 기도와 신앙의 습관을 멈추고 자신이 실제로 느끼고 생각하는 것을 직시하면서 홀로 있는 일에는 커다란 용기가 필요하기 때문이다. 하지만 스스로 선택한 침묵과 고독을 통과할 때 시대의 격랑을 거스르고 잘못된 습관들로부터 벗어날 수 있다. 그러니 혼자 있는 시간을 적극적으로 즐기는 방법을 실천해보렴. 그렇게 보면 그 시간들이 차곡차곡 쌓여 인생의 내공이 깊어지고 모든 일들이 제 자리를 잡게 될 것이다.

몸 안에 있는 의사의
경고에 귀 기울여라

진정한 의사는 내 몸 안에 있다.

히포크라테스(Hippocrates)

사랑하는 아들아!

집에 돌아와서 컴퓨터 앞에서 다시 몇 자 쓴다. 나는 병치레로 많은 고생을 했다. 그 덕분인지 건강관리에 관한 나름대로의 노하우를 갖게 되었고, 젊은 집사 시절에는 10년 정도 '건강특강' 강사로 꽤나 인기가 있었다.

나는 어린 시절에 늘 병약해서 집안 식구의 걱정거리였다. 내가 앓아누워 있을 때 온 식구들이 내 얼굴을 내려다보면서 근심 어린 표정으로 안쓰러워하는 모습과 동네 아이들이 저 멀리서 자기들끼리 재미있게 놀고 있는 소리가 아직도 내 기억 속에 아련하게 자리 잡고 있다.

초등학교 시절에는 기침을 할 때마다 목에서 검붉은 피가 올라오는 결핵을 앓았는데 우리 동네 부잣집 할아버지도 같은 결핵환자라 성주읍 보건소에 가서 새하얀 알약을 큰 봉지에 받아서 그 할아버지랑 진눈깨비를 맞아가며 버스에서 내려 동네로 걸어들어오며 울었던 기억이 새롭다.

중학교 시절에는 만성 맹장염이 걸렸는데도 무지했던 결과 대구 신천동의 동네 돌팔이 의사를 찾아다니면서 맹장을 수술하지 않고 어떻게든 가라앉히려고 온갖 독한 주사약을 맞아서 거의 죽을 지경까지 이르기도 했다. 결국은 군대에 입대하고서 급성 맹장염으로 발전해 포항 국군통합병원에 급히 후송되었다. 그때에는 하늘이 노랗게 되며 이렇게 죽는 줄 알고 나도 모르게 눈물을 흘리기도 했다.

나는 육군 제2하사관학교에서 6개월간 단기하사관학교 보병반 훈련을 받으면서 내가 얼마나 허술한 건강상태인지 절절히 깨닫게 되었다. 대한민국의 내 나이 또래의 젊은이들 가운데서 내가 가장 빈약한 몸 상태임을 확인하면서 건강의 중요성을 알게 되었다. 오죽했으면 6개월 훈련 기간 내내 내가 우리 중대의 최고의 골칫거리 훈련병이었겠니. 매주 수요일 10km 완전군장 마라톤(구보)을 할 때는 정말 가관이었다. 내 철모, 무거운 소총, 배낭을 각각 다른 병사가 들고 뛰었고, 반환점을 앞둔 5~6km 지점부터는 다른 튼튼한 동료 훈련병에게 양쪽 겨드랑이를 부축받으면서 뛰어야 했다. 나 한 사람이 얼마나 많은 병사에게 짐스러운 존재가 되었는지를 상상해 보아라.

그래서 그때부터 지금까지 내 건강은 스스로 챙겨야 한다는 사실을 절절히 깨닫게 되었고 군대를 전역하고 나서부터 본격적으로 조깅을 시작했다. 그러니까 나의 조깅 인생은 1976년부터 지금까지 46년째이다. 쌍둥이 너희를 3-4살 걸음마를 걷기 시작할 때부터 조깅을 시키기로 작정한 까닭은 이런 배경에서 비롯되었단다.

사람의 몸은 하나님이 신묘막측하게 만드셔서 잘 관리하면 건강하게 살 수 있게 되어 있다. 언제 어디에서든 운동화와 날렵하게 움직일 수 있는 운동복을 준비해라. 운동복은 자기 몸에 맞는 땀을 잘 흡수하는 것으로 평소에 집에 준비해 두어라. 여기에 투자하는 돈은 절대로 아끼지 말아라. 그가 지혜로운 자이다. 나이들어 성인병 등의 각종 질병에 걸려서 엄청나게 많은 돈을 병원에 갖다 바치는 것과 운동화와 운동복을 구입하는 데 사용되는 비용을 비교해 보아라. 평소에 이렇게 늘 운동 체질을 유지하며 살아라.

운동은 당장 시작할 수 있는 것부터 시도해보면 좋겠다. 좀 더 신경을 쓸 수 있다면 내가 좋아하는 운동, 내 몸 상태의 장점이나 약점과 관련된 운동을 찾아서 선택하면 된다. 운동을 통해 변화되는 자신의 모습을 통해 느끼는 성취감은 좋은 자극이 될 것이다.

교회 수련회나 여행을 할 때 평소에 보던 큰 성경과 더불어서 반드시 조깅화나 러닝화를 여행 가방 안에 제일 먼저 준비하도록 해라. 나는 언제나 여행을 할 때마다 이렇게 하다 보니 이제는 습관이 되었다. 아무리 달리기를 좋아하는 사람도 너무 춥거나 더운 날 집밖으로 나가기로 결심하고 문을 여는 일에 많은 에너지가 필요하다고 고백한다는 것을 잊지 마라.

혼자보다 함께 운동해라. 가족이나 친구들과 함께하면서 서로 지지하고 포기하지 않도록 격려하고 응원하는 관계를 가져라.

수면 조절을 잘 해야 한다. 언제 어디에서나 잠을 보충해서 몸과 마음을 가볍고 날렵하게 만들어야 한다. 내 몸이 무겁게 느껴지면 만사가 귀찮아지는 법이다.

내가 통신공사에서 근무할 때였다. 몸살이 난 나는 "몸이 안 좋아아 조퇴를 하고 쉬어야겠다"고 직속상관에게 보고를 했다. 동료직원들은 선선히 휴가를 수락한 상사에게 놀라며 나를 부러워했다. 평소에 꾀병 부리지 않고 성실한 삶을 산 것을 직장동료가 다 알고 있었던 것이다. 몸살, 감기 증상은 내 안에 있는 의사 선생님이 '내 건강을 돌봐라, 내 몸을 살려달라'고 아우성치는 것이라고 생각해라. 그래서 가벼운 감기나 몸살 기운이 있을 때 주의해야 한다.

불평하지 말고 하나님을
의지하고 선을 행해라

사람은 입에서 나오는 열매로 말미암아 배부르게 되나니 곧 그의 입술에서 나는 것으로

말미암아 만족하게 되느니라 죽고 사는 것이 혀의 힘(권세)에 달렸나니

혀를 쓰기 좋아하는 자는 혀의 열매를 먹으리라

잠언 18장 20~21절

사랑하는 아들아!

오늘도 오전 오후 내내 40도를 오르내리는 엄청난 무더위가 기승을 부리고 있다. 예전의 사우디아라비아나 탄자니아와는 비교가 되지 않는 더위구나. 이런 찌는 듯한 더위가 계속될 때 불평이나 짜증 내는 마음을 가지고 가장 가까운 사람에게 부정적인 말을 하게 되는 일을 조심해라.

입에서 나오는 말로 말미암아 눈에 보이는 결과가 삶에 나타나는 것을 너도 경험해 봤을 것이다. 이것을 터득한 우리 조상들은 '말이 씨가 된다'는 속담에 비슷한 교훈을 담아내기도 했다.

사람은 가만히 있으면 오만 가지 생각을 한다고 한다. 그만큼 생각을 가만히 내버려두면 어디로 갈지 알 수가 없게 된다는 말이기도 하다. 그런 갈피를 잡기 어려운 생각을 다스리는 좋은 방법 중의 하나가 바로 말을 신중하고 제대로 하는 것이다. 그런 큰 힘을 가지고 있는 말은 제어하기 어려운 대상이기도 하다.

"사람이 무엇으로 심든지 그대로 거두리라"(갈 6:7)는 진리가 삶에 열리는 말의 열매에도 그대로 적용된다는 것을 꼭 명심하기 바란다.

이와 관련해서 몇 가지 생각을 나누고자 한다.

첫째, 불평하지 말고 하나님을 의지하고 선을 행해라. 인생을 살아보니 어떤 조직을 가든지 꼭 만나게 되는 사람이 있다. 애매하게 둘러대거나 변명하는 사람들이 바로 그들이다. 내 주위 사람들 중에서도 이런 자들을 상당수 볼 수 있었다.

때로는 거짓말을 하고 적당히 둘러대는 사람들이 소위 말하는 출세를 하고 높은 자리에 앉는 경우를 본 적도 있다. 그런 경우 불평하고 원망할 수 있는데 성경은 그들 때문에 불평하거나 시기하지 말고 하나님을 의지하고 선을 행하라고 말한다.(시 37:1~3)

처음에는 이런 반응을 보이기 쉽지 않았지만 세월이 지나면서 이 말씀대로 행하려고 애쓰다보니 깨닫게 된 것이 있다. 사람의 부귀영화가 하나님의 시간 안에서 아침이슬과 같고 영원한 것은 하나님께 속한 것뿐이라는 사실이다.

둘째, 변명하지 마라. 사실 완벽한 사람은 없기에 살다 보면 실수나 실패를 하지 않을 수 없다. 그럴 때 변명하기보다는 실패를 깨끗하게 인정해라. 하지만 거기서 멈춰서는 안 된다. 반복된 실수의 원인을 꼼꼼하게 살펴봐야 한다. 흔히 공부하는 학생들이 오답 노트를 만드는 것처럼 실패(실수) 노트를 만들어 보는 것도 좋은 방법이다. 그 실수 노트를 바탕으로 점검해야 할 사항들을 체크할 수 있다. 이렇게 노력할 때 실패는 성공을 위한 밑거름이 된다. 변명하고 적당히 얼버무리는 사람에게는 실수가 좋은 경험이 결코 될 수 없음을 명심하자.

나는 새벽에 갖는 묵상시간과 하루를 마감하며 정리하는 시간을 통해 이 효과를 잘 누리고 있구나. 해야할 일과 책임들이 늘어가는 너희들은 더 좋은 방법들을 찾아서 실천하고 있을 줄로 안다. 나중에 시간이 되면 어떻게 실수와 실패를 좋은 경험으로 만들어 냈는지 함께 이야기를 나눠보자.

셋째, 꿈에서라도 진실한 자가 되라. 이런 글쓰기를 통해 내가 여러 번 당부해서 무슨 이야기를 할 것인지 이미 알고 있으리라 생각한다. 애매하게 둘러대는 사람은 임기응변의 기지로 당장의 애매한 상황을 모면하는 좋은 처세술을 가지고 있다며 스스로 지혜있음을 자랑할 수 있을지 모른다. 그러나 이렇게 인생을 사는 자는 인격이 왜곡되어 있어서 어디에서든지 과장과 허풍과 몽상으로 말이 헤프고 진실과는 거리를 두고 사는 삶을 향해 흘러갈 뿐이다.

이제 어떻게 해야 언제나 정직하게 살 수 있는지 3가지 팁을 주겠다. 먼저 늘 하나님의 불꽃같은 눈이 나를 지켜보시는 것을 의식하고 진실한 말을 하려고 노력해라. 코람 데오(Coram Deo)의 정신이 바로 그것이다.

두 번째로 살다보면 처신을 하기 애매한 경우가 있을 것이다. 그런 경우일수록 지혜롭게 처신해라. 내가 잘 모를 때는 잘 모르겠다고 과감하게 말해라! 아는 체하지 말아야 한다. 내가 아는 것일 경우에도 분명한 확신이 없으면, '내가 알기로는'이라고 단서를 붙이면서 내가 틀릴 수 있다는 사실을 솔직하게 밝히는 용기가 필요하다.

마지막으로 가정에서 자녀들에게 작은 약속을 잘 지키는 부모가 되라. 아무리 어려도 자녀들에게 약속을 남발하지 말아야 한다. 아이들에게도 한 약속은 사소한 것이라도 꼭 지켜야 한다.
직장에서도 동료와 상사에게 진실한 삶으로 일관해야 한다. 어떤 경우에도 거짓과는 타협하지 않는 자임을 알게 해야 한다. 직장의 상사가 거짓을 강요하거나, 거짓을 도모하려고 지시할 때 정중하게 나는 그리스도인임을 말하고, 자기 삶의 원칙을 분명하게 밝혀야 한다. 나 역시 직장생활 중에 이런 경험을 여러 번 했었다.

신기한 것은 그렇게 하나님 말씀의 원리대로 살다 보니 하나님이 나의 방패가 되시고, 구원자가 되어주셨다는 사실이다. 어떤 경우에도 임기응변으로 우물쭈물하거나 애매하게 둘러대지 않고, 거짓이 발붙이지 못하게 철저하게 빛 가운데서 살아가는 인생이 되려무나.

일평생 새벽의 사람이 되어라

단 하루라도 기도를 소홀히 한다면, 나는 믿음의 많은 부분을 잃어버릴 것이다.

기도는 내 삶에서 가장 중요한 것이다

마르틴 루터(Martin Luther)

사랑하는 아들아!

내가 삶에서 가장 중요하게 생각하는 우선순위는 새벽에 깨어서 기도하는 일이다. 나는 지난 47년간 성경을 읽고 연구하며 많은 진리를 깨달은 가운데 가장 중요한 진리 하나를 발견했다. 그것은 하나님은 새벽의 하나님이시라는 것! 새벽에 새소리와 함께 깨어서 '천국 음악 소리 같은 은혜로운 그 말씀'이신 주님과 친밀한 시간을 갖는 것은 이 세상 그 어떤 것보다 중요하다.

"예수 안에 있는 우리 한량없이 즐겁고 주 성령의 위로함이 마음 속에 차도다. 천국음악 소리같은 은혜로운 그 말씀 끊임없이 듣는 우리 어찌 찬양 안할까"(찬송가 303장, 2절)

그런데 요즘 사람들은 가장 급한 일에만 몰두하며 불나방처럼 정신없이 사는 것 같다. 최소한 영혼을 섬기는 일을 하는 목사와 선교사는 이런 시류에 영합하려는 것을 온몸으로 거부하며 살아야 한다. 유진 피터슨(Eugene H. Peterson)의 말처럼 '분주함이라는 이 시대의 대적'을 의도적으로 피하면서 단순한 삶, 오직 주 예수 그리스도께 집중하는 삶을 사는 것이 이 세속의 땅에서 삶을 영위하고 있는 인간의 가장 중요한 목표가 되어야 한다.

세상이 세속주의에 물들어갈수록 하나님과 개인적으로 만나 친밀하게 교제하며 사귀는 일이 더욱더 필요하다. 사실 기도의 삶은 모든 크리스천들을 동일한 출발선에 서게 만든다. 침묵과 고독, 진지함 속에서 영혼의 문제를 다루는 것이 기도 영성 중에 가장 중요한 하나가 아닐까 싶다.

이 시대는 분주함을 요구하지만 반대편에 서서 고독과 침묵 속으로 들어갈 때 인생에서 중요한 일이 일어나게 된다. 하나님께서 우리를 부르고, 용서하고, 치료하시는 것을 듣게 된다. 예수 그리스도께 초점을 맞추게 된다.

그런 기도의 삶을 살기 위해서 빼놓을 수 없는 것 중의 하나가 하나님 말씀을 잘 듣는 훈련을 하는 것이다. 귀를 기울여 들을 줄 알아야 그분께 기도할 수 있다. 그런데 주위의 목회자들, 선교사들의 삶을 보면 안타깝게도 이런 모습과 다른 경우를 빈번하게 만나게 된다. 나는 이것이 이 시대의 비극이자 불행이라고 생각한다.

주님은 이 시대에 노아와 같이 하나님의 말씀에 귀 기울이며 인생길을 동행할 사람을 찾고 계신다. 가정 예배를 통해서 너희와 함께 묵상했던 에녹, 요셉, 다니엘, 다윗과 같은 이들이 가지고 있었던 삶의 최우선 순위 역시 하나님과의 친밀한 기도였다.

말씀 속에 나타난 예수님의 기도를 통해 깨달은 점을 나눈다.

첫째, 바쁠수록 기도해라. 공생애를 시작하신 주님은 늘 하나님께 기도하시는 모습을 보여주셨다. 세례를 받으시기 전, 40일 금식을 하시기 전, 사역으로 지쳐 늦게 잠들었던 다음날 새벽에도 기도하셨다.

성경 속에서 기도하신 예수님의 모습을 천천히 읽다보면 바쁘지만 짬을 내서 기도하셨다기보다는 바쁘기 때문에 더욱 애써서 기도하신 것처럼 느껴진다. 루터가 평소에는 두 시간을 기도했지만 바쁜 일이 있을 때는 더 오랜 시간을 기도했던 모습이 이런 예수님의 면모와 겹쳐진다. 그 시간을 통해 주변의 요구와 세속주의의 영향으로부터 흔들리지 않도록 자신을 지키고, 하나님의 뜻을 더 분명하게 깨달을 수 있었던 것이다.

둘째, 정기적으로 분주함을 내려놓고 기도해라. 점점 더 많은 사람이 예수님에 대한 소문을 듣고 병을 고치고 말씀을 듣기 위해

몰려들었다. 그럴 때 주님은 오히려 한적한 곳으로 가서서 기도하심으로써 기도에 집중해야 할 때가 있음을 잘 보여주셨다. 주님이 이렇게 기도하며 일하셨는데 우리는 더욱 당연히 이런 기도의 삶을 살아야 할 것이다.

셋째, 중요한 일을 앞두고 더욱 기도해라. 예수님은 제자들을 부르시기 전, 십자가에 달리시기 전에 밤늦도록 기도하셨다. 중요한 일을 앞두고 있을수록 하나님의 뜻을 구하며 기도해야 한다. 우리 가족은 자자손손 이런 기도의 삶을 살기를 바란다.

평생 성경을 사랑하는
사람이 되어라

새벽이란 어제와 결별하고 새로운 하루를 가늠하는 시간이다.

새벽 공부는 천년을 이어온 깊은 성찰과 마주하며, 재주로는 결코 흉내 낼 수 없는

내공을 차곡차곡 쌓아 단단해지는 과정이다.

조윤제

사랑하는 아들아!

잘 아는 것처럼 나는 20살에 예수님을 알고 신앙의 세계에 눈 뜨고부터 일평생 새벽을 사랑하는 사람이 되었다. 새벽 시간은 내 시간이 아니라 하나님의 시간이다. 새로운 창조가 일어나는 시간 이다. 모세와 다윗이 광야에서 하나님을 대면했던 것처럼 이 시간 은 오롯이 하나님 한 분만을 만나는 시간이다.

나는 지난 50년간 성경을 사랑하며 아껴가면서 읽고 또 연구하

고 있다. 거듭거듭 성경을 연구하면서 성경의 하나님은 새벽의 하나님이심을 절절히 깨달아 알게 되는 감격을 누리고 있다. 단 하루의 새벽 시간도 낭비하지 말아라. 새벽 시간은 만나를 내려주시는 시간이다. 나는 문자적으로도 출애굽기 16장의 만나를 사모하며 사랑한다. 그리고 그 만나는 바로 예수님이시다. (요 6장) 예수님은 요한복음에서 통쾌하게 "내가 바로 하늘에서 내려온 생명의 떡이다"라고 여러 번 선언하셨다. (35, 48, 51절) 따라서 새벽 시간은 하나님의 비밀이신(골 2:2) 예수님을 말씀 가운데서 만나는 시간이다. 따라서 새털같이 많은 새벽 시간이라고 단 하루라도 소홀하게 맞으면 안 된다. 감격과 두려움과 설레임으로 생명샘이신 주님을 만나야 한다. 주 예수 그리스도의 얼굴 광채를 새벽마다 만나는 감격을 누려야 한다.

성경에 대한 올바른 태도를 가져라. 성경을 읽는 데서만 그쳐서는 안 되고 반드시 연구해야 한다. 읽고 연구한 그대로 '즉각 순종' 해야 한다. 그러면 어떻게 성경을 읽어야 제대로 읽는 것일까? 성경 읽기에도 분명한 원칙이 있다. 내 책, '성경, 나의 사랑 나의 생명'에서도 소개했던 제임스 W. 녹스가 말하는 성경 읽기의 9가지 원칙을 참고로 하면 좋을 것 같다.

1. 영적으로 읽어라. 성경을 바로 이해하기 위해서는 반드시 성경의 저자인 성령님을 알아야 한다. 성령님의 영감을 받아 읽어야 한다는 뜻이다. 성경 이해의 열쇠는 자신 안에 성령님이 내주해 계시는가의 여부에 달려 있다.

2. 성경 그 자체를 읽어라. 성경을 읽지 않고 성경을 알 수 없다. '성경에 대해서' 읽는 것만으로는 충분하지 않다. '성경 자체'를 읽어야 한다. 나는 만 20세에 로마서를 읽고 공부하다 복음을 깨닫고 구원받은 이후 지금까지 성경을 즐겨 탐구하고 있다.

3. 하나님의 말씀으로 읽어라. 성경을 하나님의 말씀으로 읽지 않는다면 수십 년 교회에 다녀도 신앙이 성장하지 않을 것이며 자신의 인생에 어떤 변화도 일어나지 않을 것이다. 나도 신학생으로 공부와 사역에 바쁠 때, 영국에서 석사와 박사 논문을 쓸 때 비슷한 경험을 했다. 지금 돌이켜보면 참으로 어리석었다는 생각이 든다.

4. 기도하는 마음으로 읽어라. 성경은 100퍼센트 영감으로 기록된 영적인 책이므로 기도하는 마음으로 읽어야 술술 이해가 된다. "내 눈을 열어서 주의 율법에서 놀라운 것을 보게 하소서"(시 119:18) 이렇게 시편 기자처럼 기도하며 성경을 펴라.

5. 순종하는 마음으로 읽어라. 나는 처음에 성경이 얼마나 비과학적, 비이성적인 책인지 증명하기 위해 성경을 읽었지, 순종하려고 읽지 않았다. 이런 불순종하는 마음은 진리를 이해하는 문을 닫아버린다. 하나님의 말씀은 상당 부분 '하라' 또는 '하지 말라'는 내용이다. 성경을 읽는 사람이 순종하고자 하는 마음이 없다면 주님께서도 더 이상 말씀하지 않으신다. 기록된 성경을 통해 말씀을 들려줘도 소용이 없기 때문이다.

6. 반복해서 읽어라. 많은 사람이 자신이 관심 두는 분야에 엄청난 시간을 투자한다. 그런데 성경을 읽는 일에 시간을 투자하는

사람을 보기 쉽지 않으니 안타까울 뿐이다. 나는 성경을 49년째 읽고, 연구하고, 가르치고, 설교하지만 매일 새벽 성경 4~5장을 읽을 때마다 새롭게 가슴이 뛴다. 이런 책이 세상에 성경 말고 또 있을까?

7. 순서대로 읽어라. 예수님은 부활하신 후 제자들에게 직접 오셔서 성경을 가르치셨다. 이때 주님이 하신 방법을 염두에 두면 좋겠다. "이에 모세와 모든 선지자의 글로 시작하여 모든 성경에 쓴 바 자기에 관한 것을 자세히 설명하시니라"(눅 24:27) 이 말씀처럼 예수님은 모세오경과 선지서의 책을 차례로 언급하며 직접 강해하셨다. 우리도 이런 순서를 따르면 좋겠다.

8. 인내심을 갖고 읽어라. 성경을 도무지 읽지 않으면서 하나님께서 내 안에서 놀라운 일들을 행해 주시기를 기도하는 사람도 있을 것이다. 그러나 어떤 일도 하루아침에 이루어지지 않는다. 하나님의 사람, 성경에 능통한 사람이 되는 것도 이와 같다. 모든 그리스도인은 예수님 대학에서 평생 성경 말씀을 읽는 제자다.

9. 성경은 성령님의 기록으로 완성됐음을 기억하라.

너희들도 나처럼 새벽을 특별히 사랑하는 자가 되길 간절히 소원한다. 아이들과 함께 풋풋한 새벽공기를 향유해라. 새벽별을 보며 새소리와 함께 감격적인 찬양을 드려라! 두 눈에 눈물이 뜨겁게 흐를 것이다. 새벽 공부, 새벽 찬양, 새벽기도 시간을 즐겨라! 이것이 인생을 제대로 사는 비결이다.

혼돈의 시대, 나를 위해 싸우시는
하나님을 의지하라

어떤 일에서 판도를 뒤바꿔 놓는 인물, 사건, 제품을

'게임 체인저(game changer)'라고 합니다. 활자 발명, 화약 개발이 대표적 예입니다.

경영학에선 시장에 변화를 일으키는 혁신적 인물이나 기업을 가리키기도 합니다.

애플이나 구글 같은 기업이 여기에 해당합니다.

이성준

사랑하는 아들아!

요즘은 계속되는 코로나로 인해 많은 사람이 영적 우울증에 걸려있는 듯하다. 무엇인가 답답해 탈출하고 싶어 한다. 자유롭게 여행하고 여기저기 다니는 날이 오길 고대한다. 지금은 세계적으로 코로나 백신 접종을 일제히 실시 중이다. 선교지에서 보니 국력의 격차가 현저함을 절실히 느낀다. 코로나 사태가 어느 정도

완화되더라도 인류의 삶은 코로나 이전 상태로 결코 되돌아갈 수 없을 것이다. 포스트 코로나 시대는 새로운 사고와 삶의 방식을 요구할 것이다.

전 세계적인 변화를 가져온 코로나 사태를 목격하면서 예수님이 오셨던 당시의 상황을 상상해 봤다. 로마의 정치적 지배와 율법에 얽매였던 종교지도자들, 곤궁함 속에서 조금씩 희망을 잃어버린 채 살고 있던 사람들은 신앙적 문화적 정치적 갈등과 혼란 속에서 갈피를 잡지 못하고 있었다. 그런 혼돈을 뚫고 이 땅에 오신 예수님을 통해 시작된 신약 시대는 지역과 민족을 뛰어넘는 모습을 보여준다. 포스트 코로나 시대를 살아가는 지혜를 예수님에게서 배우면 좋겠다.

매일 새벽 맥체인성경읽기를 통해 성경 말씀을 읽고 연구할수록 진정한 게임 체인저는 오직 예수 그리스도이심을 고백하게 된다. 하나님의 비밀이신 예수님 안에 모든 답이 숨어있다.

"이는 그들로 마음에 위안을 받고 사랑 안에서 연합하여 확실한 이해의 모든 풍성함과 하나님의 비밀인 그리스도를 깨닫게 하려 함이니 그 안에는 지혜와 지식의 모든 보화가 감추어져 있느니라"(골 2:2~3)

골로새서에서 밝히고 있는 대로 예수님 안에 모든 지혜와 지식의 보화가 감추어져 있다. 아직도 성경 말씀 속에서 내가 제대로 깨닫지 못한 보물이 무궁무진하게 있음을 느낀다. 지금까지 연구한 성경 연구와 신학적 작업은 기초에 불과하다는 생각이다. 이런 사실을 떠올리면 시간이 너무 빠르게 지나는 것 같아 조급한 마음이 든다.

내가 계속 언급하는 '14-14 원리(Principle)'에도 역시 그 진리를 담으려는 노력이 담겨있다. 이 원리는, 내가 성경을 연구하다가 2년 전에 깨달은 '구원 경영의 가장 큰 원리'에 붙인 이름이다.

"여호와께서 너희를 위하여 싸우시리니 너희는 가만히 있을지니라"
(출 14:14)
"내 이름으로 무엇이든지 내게 구하면 내가 행하리라"(요 14:14)

신구약에 나타난 구원의 하나님은 우리에게 "너희는 가만히 있으라"고 하신다. 출애굽한 이스라엘 백성의 앞에는 넘실거리는 홍해 바다요. 뒤에는 애굽의 특별 병거 600승이 추격하는 절체절명의 위기의 때에 구원의 하나님이 선언하신 말씀이 바로 "너희는 가만히 있으라"였다. "여호와께서 너희를 위하여 싸우실 것"이기 때문이다. 바울은 고린도전서 10장 1~4절에서 이 본문을 해석하며 하나님의 구원 경영의 큰 원리를 천명한다. 출애굽기 14장 14절처럼 신약의 요한복음 14장 14절을 중심으로 보면 구원의 주이신 예수님은 반복적으로 "내 이름, 내게, 내가 행하리라" 하고 말하신다.

여기서 내가 발견한 성경의 일관된 메시지는 다음과 같다. 하나님이 일하시게 말씀을 앞세우며, 그분의 얼굴을 구하고, 친밀한 관계를 유지하며, 무엇이든지 예수님께 먼저 기도하면 주님이 친히 시행하신다는 것이다. 이 내용을 담은 것이 바로 '14-14 원리'이다. 이 성삼위 하나님에 관한 엄청난 구원경영의 대원리는 신구약 성경을 관통하는 원리 중의 가장 큰 원리이다.

런던의 큰 아들 가족이 시편 119편을 176절까지 전부 암송한 것도 예사로운 일이 아닌 줄 안다. 어려서부터 말씀을 많이 암송하고 기도하는 가정의 영적 분위기에서 자라나는 우리 손자 손녀에게 하나님께서 엄청난 지혜와 지식의 성령을 심령에 부어주실 것을 믿는다. 아니, 이미 하나님께서 너희들 각 가정에 놀랍게 부어주신 은혜로 새로운 인생을 펼쳐주시고 계심을 확신한다. 계속 하나님을 즐거워하고 찬양하며 묵상하는 가정이 되자. 할렐루야!

너만의 피난처를 마련해라

피난처 되시는 주 예수 영원한 승리의 왕 주님의 얼굴을 구할 때 주의 빛 비추시네

전쟁은 주님께 속했네 승리는 우리의 것 예수의 이름을 높이며 영원히 찬양하리

주님의 임재에 온 땅 흔들리고 우리 기도에 하늘문 여시네

온 민족과 열방 주께 경배해 영원 영원히 보좌에 계신 왕께(하나님 어린 왕께)

피난처 되시는 주 예수

사랑하는 아들아!

내가 대구공고 건축과를 졸업한 것을 아느냐? 요셉도, 예수님도 건축 전공자시다. 건축가 승효상은 예수님의 직업이 오늘날의 건축가라고 상상한다. 그가 생각하는 건축가는 '삶을 바꾸는 자'다. 그래서 건축가가 견지하는 태도는 특별해야 한다고 본다. 이런 삶의 자세는 건축가라는 직업에 한정된 얘기는 아닐 것이다.

너와 함께 생각해보고자 하는 이야기는 "바른 건축을 하기 위해서는 스스로를 수시로 밖으로 추방하여 광야에 홀로 서서 세상을 직시하는 성찰적 삶을 지켜야 한다"는 그의 말에 담겨있는 무게에 대해서다. 승효상의 이 말을 들으면 떠오르는 성경의 장면들이 있을 것이다. 왕자로서의 화려한 삶을 버리고 쫓기듯 떠난 모세의 광야의 삶, 광야로 들어가 로뎀나무 아래서 지쳐 쓰러진 엘리야와 그를 어루만지시고 떡과 물을 먹이신 하나님, 오병이어로 5천명을 먹이신 후 무리를 보내고 기도하러 따로 산에 올라가신 예수님 등. 두려움과 분주함이 가득하던 세상에서 벗어나 하나님과 대화하고 기도하는 모습이다.

이런 전통은 교회사에서 지속적으로 이어져왔다. 6세기 초 이탈리아에서 베네딕트(Benedictus)의 지도 아래 공동생활을 하던 수도사들을 위해 쓰여진 베네딕트 규칙서에서 이런 내용을 찾아볼 수 있다. 이 규칙서에서 강조하는 내용을 간략하게 표현하면 '기도하고 일하라(Ora et Labora)'이다. 노동과 기도라는 두 축이 균형을 이룰 때 하나님을 향해 흔들리지 않고 걸어갈 수 있다. 크리스천은 보이는 것과 보이지 않는 삶, 함께와 홀로의 삶, 일상과 비일상의 삶을 함께 살아가야 한다. 사실 수도원 운동이 일어났던 초기에 수도사가 되었던 이들의 대부분은 귀족이나 부유한 사람들이었다. 이들은 가지고 있는 지위와 부로 인해 일상에서 수도의 삶을 살기 어려웠기에 세상의 경계 밖으로 떠나 소유와 유혹에서 자유롭게 되기를 택했던 것이다.

이 시대를 사는 우리는 이런 정신은 유지하되 형태는 좀 다르게 적용해보면 좋겠다. '화성에서 온 남자 금성에서 온 여자'의 저자 존 그레이(John Gray)는 남자는 시간이 흐를수록 점점 더 한 곳에만 주의를 집중하며 내면으로 깊이 움츠러드는 경향이 있으며, 스트레스를 받으면 자기 마음속의 동굴에 들어가 문제를 해결하기 위해 정신을 집중한다고 한다.

지치고 힘들 때면 찾아갈 수 있는 너만의 피난처를 만들어 두렴. 광야와 같이 일상에서 공간적으로 떨어진 곳도 좋지만 피난처라고 해서 꼭 거창할 필요는 없다. 예수님이 무리를 보내고 올랐던 근처 산과 같이 가까이 있는 곳도 좋다. 답답해서 한숨 돌리고 싶을 때 찾아갈 수 있는 곳, 그저 멍하니 앉아 시간을 보낼 수 있는 곳, 잠깐이나마 숨통을 트기 위해 찾는 너만의 안식처 등. 주변의 숨은 공간들을 잘 찾아내 잘 이용하면 자기만의 쉼터를 마련할 수 있을 것이다. 서점, 카페, 사무실이나 공원, 학교 등 주변 시설을 잘 찾아보면 일상의 문을 닫고 네가 혼자 있을 수 있고 자유롭게 이용할 수 있는 장소를 마련할 수 있을 것이다. 그곳을 방문해 휴식을 취하고 마음도 다잡을 수 있으면 좋겠구나.

또한 가능하면 아내와 함께 하는 특별한 장소나 이벤트도 생각해보면 좋겠다. 함께 기쁨을 나눴던 추억의 장소, 축하나 격려의 의미를 담은 산책이나 영화 관람이라는 방법도 있을 것이다.

그렇게 혼자서, 때로는 가족과 함께 기쁨과 어려움을 잘 이겨내기를 응원하마. 낮과 밤이 함께 어우러져야 온전한 하루가 만들어지는 삶의 신비로움을 잊지 말아라.

십일조 금식의 유익을 누려라

십일조 금식의 유익을 누려라

금식하며 기도하는 사람은 자신이 진지하다는 사실을 하나님께 알리는 것이다.

아더 월리스(Arthur Wallis)

사랑하는 아들아!

"체력은 국력이다." "건강한 육체에 건전한 정신이 깃든다."

이런 말은 매우 그럴듯하지만 일부만 맞는 반쪽짜리 진리다. 이 말은 고대 로마 시대 일부 부유층의 신체단련 열풍을 비꼬는 말로 유베날리스(Juvenalis)라는 당시 시인의 풍자시에서 유래했다고 한다. 오히려 정신이 젊고 건강해야 하고 무엇보다 치우치지 않은 균형 잡힌 건강한 영성이 더 중요하다. 건강한 영성과 건강한 정신이 먼저임을 알아야 한다.

매월 초 1~3일을 무조건 '십일조 금식'으로 정해 놓고 지키다 보니 금식의 유익함을 계속 경험하게 되는구나. 특히 정기적인 금식은 육체적 정신적 영적 건강에 모두 유익하다. 금식하는 시간은 하나님 앞에 구별해 드려지는 시간으로 늘 깨어서 영을 각성시키는 시간이다.

빌리 그레이엄(Billy Graham) 목사는 금식은 믿는 자들을 하나님께로 이끌어주는 놀라운 영적 경험으로, 금식하고 기도하지 않는 신자들은 세대를 통틀어 많은 이들에게 축복을 가져다준 영적인 훈련을 놓치는 것이라고 말했다. 금식과 관련해서 가장 잘 알려진 말씀이 이사야 58장 6절이다.

"내가 기뻐하는 금식은 흉악의 결박을 풀어 주며 멍에의 줄을 끌러 주며 압제 당하는 자를 자유하게 하며 모든 멍에를 꺾는 것이 아니겠느냐"

이 말씀을 통해 금식은 결박과 멍에, 압제를 풀어준다는 것을 알 수 있다. 바울 역시 크리스천의 싸움이 육신에 달려 있지 않다고 말한다.

"우리가 육신으로 행하나 육신에 따라 싸우지 아니하노니 우리의 싸우는 무기는 육신에 속한 것이 아니요 오직 어떤 견고한 진도 무너뜨리는 하나님의 능력이라 모든 이론을 무너뜨리며"(고후 10:3~4)

하나님이 기뻐하시는 금식은 사단의 권세를 무너뜨리는 크리스천의 강력한 무기다. 다니엘은 금식을 통해 위기의 순간을 지혜롭게 풀어낸 사람으로 유명하다. 1장에서 열흘 동안 음식을 절제하고 채식을 통해 자신을 더럽히지 않았던 그는 9장에서 이스라엘을 위해 금식하며 기도하는 가운데 하나님께서 보내신 가브리엘 천사를 통해 하나님의 계획을 깨닫는다. 나 역시 금식과 기도를 통해 막혔던 문제가 풀리고 생각지도 못했던 해결책과 도움을 얻었던 경험이 적지 않다. 그것은 가까이 지켜보았던 네가 더 잘 알 것이다. 이런 놀라운 경험을 너희도 역시 금식과 기도를 통해서 체험하기를 바라고 축복한다.

이 글을 쓰고 있는 오늘이 금식 3일째다. 나는 너희 가족도 가능하면 십일조 금식을 해보기를 권하고 싶다. 아이들이 모두 어리기에 당장은 힘들지 몰라도 조금씩 커가면서 하루 한 끼 금식부터 시도해 볼 수 있을 것이다.

그동안 매월 초 3일간 십일조 금식을 하면서 경험한 금식의 유익을 4가지로 정리하면 다음과 같다.

첫째, 음식을 먹지 않으면 갑자기 시간이 넉넉해진다. 음식을 준비하고 먹는 일에 의외로 시간을 많이 사용하고 있었다는 것을 알 수 있다. 그렇게 시간 관리를 자연스럽게 더 잘할 수 있는 훈련이 된다.

둘째, 음식에 대한 고마움을 절실히 느끼게 된다. 배고픔을 통해 더 진한 감사를 배우게 된다. 무엇보다도 이 세상에서 먹지 못하는 사람들의 마음을 헤아리며 긍휼히 여기는 마음을 자연스럽게 갖게 된다. 더구나 이곳 파라과이는 코로나 사태로 당장 생존에 위협을 받는 극빈자들이 너무나 많은 상황이다. 우리 부부는 금식 첫날과 어제, 이틀 동안 우리가 섬기는 갈보리교회 주변의 가난한 사람들에게 먹거리 생필품을 40여 개의 봉투에 정성껏 준비해서 나눠 주었다.

셋째, 위와 장을 완전히 비우게 되니 머리는 더 맑아지고, 정신력도 더 또렷해지며, 성경 말씀도 더 잘 깨달아진다는 것이다.

마지막으로 금식 전후로 육식을 삼가며, 가능하면 보호식을 미리 준비하니 육체적인 건강도 현저하게 좋아지는 것을 경험하게 된다. 이제 몇 시간이 지나면 이번 달 금식이 끝난다. 맛있는 죽과 신김치, 과일 등 먹을 것을 생각만 해도 입에서 군침이 도는구나.

분주함과 풍요 속에 거하다 보면 하나님만으로 충분하다는 생각을 잊어버릴 수 있다. 자발적인 금식을 통해 이 세상의 어떤 것도 우리를 만족시킬 수 없으며 하나님만이 온전히 우리 삶을 채우실 수 있다는 신앙 고백의 주인공이 되기를 바란다.

말씀을 붙들고 기도해라

나는 기도의 영 안에서 산다. 그리고 응답은 언제나 오고 있다.

조지 뮬러(George Muller)

사랑하는 아들아!

모든 그리스도인들이 조지 뮬러라는 이름을 친숙하게 여길 것이다. 목회자나 설교자들 역시 그가 5만번 기도 응답 받은 이야기를 즐거이 설교 예화로 사용하곤 한다.

"나는 기도의 영 안에서 산다!(I live in the spirit of prayer!)"

바로 이 문장이 조지 뮬러가 모든 그리스도인들의 아름다운 모델이 될 수 있었던 비결을 잘 보여주고 있다. 나에게 조지 뮬러는 큰 바위 얼굴이다. 조지 뮬러처럼 80대에도 전 세계의 선교현장을 누비며 선교하고 싶다.

어떻게 매일 매 순간 기도의 영 안에서 살 수 있을까? 그것은 오직 말씀에 붙들릴 때 가능한 일이다. 신학자 R. A. 토레이(Reuben Archer Torrey)는 조지 뮬러가 66년간 사역을 감당하면서 720만 달러 이상의 금액을 사용했다고 말했다. 한국 원화로는 약 85억 8천만원이 넘는 돈이다. 실제로 그는 영국 브리스톨의 한 교회를 66년간 섬기면서 1200여명의 성도들을 보살폈고, 고아원 원장으로서 평생 1만 여명의 고아들을 돌봤다. 70세부터 87세까지 42개국을 방문하며 300만명 이상에게 복음을 전했다.

이런 조지 뮬러의 기도 방법은 특별했다. 그는 항상 성경을 펴놓고 기도했다. 자기에게 맡겨진 사역을 감당하기 어렵다거나 돈이 필요하다고 기도하지 않았다. 그는 기도를 시작할 때 성경에서 그 내용과 관련된 말씀을 먼저 확인했다. 그 과정에서 기도하기 전에 며칠 동안 성경을 확인해야 할 때도 있었다. 말씀을 통해서 하나님의 약속을 확인한 후에 그는 손가락으로 그 성경 말씀을 짚고서 간구했다고 한다. 그만큼 조지 뮬러는 하나님의 뜻을 찾아 기도하는 사람이었다.

현대인은 저마다 뭔가에 붙들려서 살고 있다. 게임, 스포츠, 영화, 명예, 맘몬, 술, 마약, 세상 향락, 섹스 등. 이런 속박으로부터 자유로운 사람을 찾아보기 쉽지 않다. 그런데 참으로 안타까운 것은 크리스천 역시 이런 굴레로부터 자유롭지 않다는 사실이다. 참된 자유를 누리기 위한 가장 좋은 방법은 바로 하나님 안에 거하며 말씀에 붙들리는 것이다.

그러면 말씀에 붙들리는 방법에는 무엇이 있을까? 그것은 꾸준히 말씀을 암송하고 읽고 묵상하는 것이다. 조지 뮬러 역시 말씀에 의지해 기도하는 삶을 살기 위해 평생 수고했음을 잊지 말아라. 내가 경험해보니 말씀 읽기에 제일 좋은 방법은 맥체인성경읽기 방법이다. 그래서 내가 경험한 유익을 글과 강의를 통해 사람들에게 나누는 중에 있다. 지치지 않고 잘 감당할 수 있도록 기도해다오. 너희의 기도가 언제나 힘이 되는구나.

나는 이 땅의 수많은 믿음의 사람들이 조지 뮬러처럼 교회와 일터에서뿐 아니라, 선교지에서도 '정상적인 크리스천(Normal Christian)'의 삶의 모범을 보이기 위해 애쓰고 있음을 잘 알고 있다. 이곳 파라과이에서 너희 가족도 하나님이 선하게 인도하시기를 위해 매일 기도하고 있다. 말씀에 의지해 기도하는 삶을 끈질기게 살아내거라. 사랑하고 축복한다.

3

일터

문제가 아니라 하나님을 바라봐라

멀리 보며 인생을 살아라

돈을 사용할 때 받는 유혹이 있다. 돈을 남용할 때 느끼는 죄책감이 있다.

돈을 잃어버렸을 때 느끼는 슬픔이 있다. 돈을 처분할 때 느끼는 당혹감이 있다.

사실 돈은 가장 만족감을 주지 못하는 것 중 하나다.

분명 돈은 염려를 약간 덜어주긴 한다.

그러나 덜어주는 만큼의 또 다른 염려를 가져온다.

J. C. 라일(John Charles Ryle)

사랑하는 아들아!

매사를 돈과 연관시키지 말아라. 돈과 관련된 문제는 돈이 아니라 돈을 대하는 사람의 마음에 있더구나. 나는 일평생 가난하게 살아왔지만 의식만큼은 깨어있기 위해 힘써왔다. 가난 의식, 핍절(乏絕) 의식에 찌들어 사는 인생은 항상 피해와 비교 의식 속에서 살게 된다. 그래서 부요의식(富饒意識)을 갖는 것이 중요하다.

나는 6.25 전쟁 와중에 태어나 수많은 어려운 일들을 경험했지만 열심히 공부하면서 소망 속에서 살 수 있었다. 너무나 가난하고 춥고 배가 고팠지만 언제 어디서나 배우려는 자세로 살아왔고, 지금까지도 배우는 일을 멈추지 않고 있다. 오늘도 네 엄마랑 비를 맞으며 스페인어 학원에 다녀왔다. 이번 학기도 어김없이 파라과이 장로교 신학교에 등록해서 너희들 나이 또래의 파라과이 청년들과 열심히 신학 공부를 하고 있다. 나는 이런 돈이 안 되는 공부를 더 즐기는 편이다. 지금까지 살아오면서 수많은 사람들이 약삭빠르게 '돈이 되는 공부'만 쫓는 모습을 볼 수 있었다.

크리스천은 돈을 가져다주는 수단으로 하나님을 대하는 사람이 아니라 그분의 말씀을 따라 돈을 관리하는 청지기로 부름을 받은 자들이다. 그래서 때로는 "손해볼 짓을 왜 하느냐는"는 말을 듣더라도 기꺼이 그 일을 감당해야할 경우가 있다.

인생은 멀리 봐야 한다. 인생은 장거리 마라톤이요, 평생 학습이 이루어지는 대학이다. 하루하루 사랑하고 섬기며 살아야 한다. 내가 예수님을 알고 믿은 후부터 나에게 언제나 든든한 배경이 생겼다. 어떤 사람들은 집안에 유력자가 있다거나 사회적으로 높은 지위의 친척이 있다는 사실을 은근히 자랑했지만 나는 자랑하거나 내세울 것이 전혀 없었다.

하지만 아빠 하나님이 내 편이시고 예수님이 언제나 함께 계시며 성령님이 동행해 주시니 어떤 배경보다도 든든하고 여유롭고 평안했단다. 그러니 어떤 경우에도 주눅들거나 쩨쩨해질 이유가 없었다. 하나님 때문에 우리 존재 자체가 참으로 부요해졌음을 고백하게 되는구나. 비록 현재는 좀 부족하고 불편해도 내 의식 자체가 풍성하면 그만이다. 그런 부요함을 알았기에 사도 바울은 어떤 형편에 있든지 일체의 자족함의 비밀을 배웠다고 고백한 것이다.

나는 아프리카 탄자니아에 이어서 파라과이의 가장 가난한 지역에서 갈보리교회를 섬기며 날마다 마음속으로 눈물을 흘렸다. 예수님 안에 엄청난 부요와 풍성함이 있는데 이들은 당장 눈에 보이는 것만 추구한다는 사실이 내 가슴을 아프게 한다. 그래서 아직 신앙에 눈 뜨지 못한 사람들, 특히 청년들을 바라보면서 그들에게 참된 인생의 길을 삶으로 보여주기 위해 혼신을 다해 믿음의 경주를 하고 있다.

세상의 필요가 있는 곳을 향해 달려갈 때 우리를 향한 하나님의 소명과 인도하심을 더 깊이 경험할 수 있게 된다. 그 필요를 채우는 일을 두려워하지 말자.

구경꾼이 아니라
주인공으로 살아라

모든 것을 보시는 하나님은 단순히 구경꾼이 아닙니다.

그는 그가 보는 것을 다스리시는 하나님입니다.

R. C. 스프로울(Robert C. Sproul)

사랑하는 아들아!

똑같은 장소, 똑같은 교실, 똑같은 시대, 똑같은 환경에서도 천태만상의 삶을 사는 것이 인생이다. 가장 대표적으로 생각해 볼 수 있는 두 가지 모습이 바로 구경꾼으로 사는 삶과 주인공으로 사는 삶이 아닐까 싶다. 인생을 살아보니 삶을 대하는 태도와 자세가 무엇보다 중요하더구나. 무슨 일을 하든지 어떤 자세를 가지고 인생을 대하고 있는지 점검해 보아라. 너희들도 이 일이 귀중하다는 것을 이미 깨달았을 것이다.

나 역시 영국과 아프리카, 한국과 남미의 파라과이라는 각기 다른 대륙과 나라에서 많은 사람을 만나면서 '삶을 대하는 태도'가 얼마나 중요한지 거듭 깨닫게 되었다. 그야말로 각양각색의 사람들을 지켜보면서 절대로 인생을 구경꾼으로는 살지 말라는 이야기를 기회가 될 때마다 청년들에게 계속 전했다.

언제 어디서나 주인의식과 책임의식을 갖고 살아라. 사람은 자신이 주도적으로 무언가 발견하고 찾아낼 때 하고자 하는 의지가 생겨 도전하게 된다. 하지만 수동적으로 반응하며 지시 속에서 움직이게 되면 집중력을 잃고 반복적인 일만을 수행하게 될 뿐이다. 일방적인 관계와 위치에 머물기만 하면 구경꾼으로 소외될 수밖에 없다는 점을 명심해라. 더욱 큰 문제는 구경꾼의 사고방식이 자리 잡으면 그 한계를 벗어나기 쉽지 않다는 것이다.

나는 예수님을 내 인생에 모신 이후 하나님의 은혜 덕분에 인생의 어느 모퉁이에서도 단 한 순간도 구경꾼으로 살지 않기 위해 의식적으로 노력했다. 따라서 일이 잘 풀리지 않을 때에도 흘러 떠내려가는 구경꾼으로 살지 않았다. 그런데 의외로 세상에는 구경꾼으로 사는 자가 너무나 많구나. 구경꾼은 그야말로 책임감이나 의무감도 없기에 느긋하게 즐기는 방관자의 삶을 사는 사람이다. 나는 한때 축구와 야구를 엄청 좋아해서 야구장과 축구장을 가기도 했다. 그곳에서 수많은 구경꾼들의 모습을 관찰하는 것이 나의 또 하나의 즐거움이었다.

아들아, 구경만 하면서 인생을 낭비해서는 안 된다. 구경꾼으로 살면서 성공적인 가정생활, 감격적인 신앙생활을 할 수 없다. 같은 동시대를 살지만 주인공의 삶은 다르다. 눈에서는 빛이 난다. 가슴에는 열정이 넘친다. 할 수만 있으면 착한 일을 하려고 애쓴다. 매사를 변화와 성장의 기회로 삼으려 한다. 나 자신의 유익보다 공동체의 유익을 구하며 살기 위해 헌신한다. 힘들어도 언제 어디에서나 인생의 주인공으로 살아라.

명품인생을 살아라

사랑하는 아들아!

순자(荀子)는 학문을 해야 하는 이유를 다음과 같이 밝히고 있다.

"푸른색은 쪽에서 취했지만 쪽빛보다 더 푸르고, 얼음은 물이 이루었지만 물보다도 더 차다. 靑取之於藍, 而靑於藍. 氷水爲之, 而寒於水."(순자 권학편 1)

성실히 배우고 올바른 길을 찾을 때 완전히 다른 사람으로 성장할 수 있다는 말이다. 여기서 제자가 스승보다 뛰어나다는 의미인

'청출어람(青出於藍)'이란 말이 나왔다. 나는 이 이치가 학문이라는 분야에만 한정된다고 생각하지 않는다. 자세히 관찰하면 우리 인생살이의 모든 영역에서 발생하는 현상이 청출어람이다.

아빠 엄마는 너희들이 부모보다 빼어난 인물이 되기를 소망하며 양육해왔다. 이는 부모나 스승, 멘토된 자들의 공통된 마음이라고 생각한다. 공교롭게도 너희들은 모두 한국에서 태어나서 십대 시절과 청년 시절을 해외에서 살아온 인생 경험을 갖고 있다. 이 과정에서 정체성의 혼란을 겪을 수도 있고, 다양한 경험을 할 수도 있었을 것이다. 나는 MK(Missionary Kid, 선교사 자녀), PK(Pastor's Kids, 목회자 자녀)로 2~3중 문화를 경험하며 성장하는 너희들의 경험이 인생에 있어 특권 중의 특권이라고 조심스럽게 생각해본다.

물론 여기서 가장 중요한 것은 내가 처해있는 환경을 대하는 자세와 마음의 태도다. 자신과 인생을 어떻게 바라보느냐에 따라 인생의 방향이 달라지더구나. 나와 비슷한 또래집단과 직장동료들 그리고 신학교의 동기 목사와 선교사들을 오랫동안 관찰하면서 많은 교훈을 얻고 있다. 그중에서 청출어람과 관련된 3가지 생각할 점을 너희에게 마음을 다해 들려주고 싶다.

첫째, 깊이 생각하면서 살아야 한다. 다른 사람들이 말하고 행동하는 것을 보면서 여러 각도에서 생각을 해라. 모든 사람이 다 생각을 하며 살고 있다고 말하지만 지혜로운 사람은 3-4차원까지 객관화해가면서 생각하려고 노력한다. 그럴 때 내가 서야 할 자리와 해야 할 말, 가야 할 길을 알게 된다.

둘째, 생각하며 살기 위해서는 가능하면 말을 적게 하는 것이 상책이다. 말이 헤픈 사람이 우리 주위에 너무 많다. 그야말로 쓸데없는 말들이 무성하다. 우리가 쓰는 언어는 대부분 평소 그 사람 마음에 있는 생각들을 여과 없이 그대로 드러낸다. 거의 소음에 가까운 말과 글들이 홍수를 이루는 시대다. 내 안에 성령님이 계심을 잊지 말아라.

그렇다고 쓸데없는 말을 하는 상대방에게 당장 싫은 기색을 보이거나 교정하려고 들지 말아라. 그냥 고개를 끄덕이며 들어주어라. 나는 사람들이 많이 모인 모임이나 오랜만에 만나서 교제하는 경우에도 가능하면 말을 아낀다. 나는 서로 말을 하고 싶어서 열띤 경쟁을 하는 가운데서 그냥 빙그레 웃음을 띤 채 가끔 맞장구를 쳐주면서 들어주려고 노력한다. "이제 배 목사님 이야기를 들어 보자." 이런 말이 어느 누군가의 입에서 나올 때까지 나는 성실한 경청자가 되곤 한다. 이때 내가 입을 열어서 이야기를 하면 모임에 적합한 말을 하게 될 때가 여러 번 있었다.

셋째, 2중 문화를 이미 경험한 사람은 문화충돌을 극복하면서 많은 것을 스스로 배운다. 내가 경험하기로는 최고의 배움은 하나님의 말씀에서부터 온다. 세상에서 유행하는 지혜나 처세술은 시대의 조류에 편승한 내용일 때가 많다. 언론에서 연일 떠들고 사람들이 호응한다고 해서 시류에 함께 떠밀려 가면 안 된다. 어떤 경우에도 인생살이의 모든 영역에서 하나님의 절대적인 말씀으로 각주를 성실하게 달면서 한 걸음 한 걸음 나아가야 한다.

이것은 내가 젊은 시절부터 죠이선교회에서 배운 '성경을 읽지 않으면 아침을 먹지 않는다(No Bible, No Breakfast!)'를 모토로 살아오며 수많은 시행착오를 통해 깨닫게 된 지식이다. 같은 장소에서 같은 찬양을 부르고, 같은 말씀을 읽고, 같은 예배를 드려도 신앙의 열매는 제각각이더구나. 귀담아서 잘 듣고 실천해보아라. 너희들이 어디에서나 훌륭하고 멋진 명품인생을 살아가길 응원한다.

시작해라, 그리고
꾸준한 반복의 힘을 믿어라

위대한 일을 하기 위해서는 위대한 사람들이 필요하지 않습니다.

헌신된 사람들만 필요합니다. 쉬운 인생을 달라고 기도하지 말고,

강한 사람이 될 수 있게 해달라고 기도하십시오.

필립스 브룩스(Phillips Brooks)

사랑하는 아들아!

나는 요즘 글쓰기를 꾸준히 연습하고, 시 쓰기를 시작했단다. 소설가 중에는 천재가 없다는 말이 있다. 모차르트나 랭보, 피카소처럼 10대에 천재 소리를 듣던 세계적인 음악가나 시인, 미술가와 달리 소설, 글쓰기에서만은 천재라고 불릴 만한 사람이 나오지 않는 건 그만큼 글쓰기는 천재들의 영역이 아니기 때문이라는구나.

매일 맥체인성경읽기 순서에 따라 말씀을 묵상하고, 일기를 쓰고 기도하며 예수를 닮기 위해 노력하던 나는 이 얘기를 들었을 때 마음이 한껏 가벼워졌다. 매일의 노력에도 불구하고 단번에 큰 변화가 눈에 띄지 않더라도 경주를 멈추지 말라는 말처럼 들렸기 때문이다. 지금도 그 마음을 잊지 않기 위해 꾸준히 글쓰기를 하고 있다.

많은 사람들이 매일 무언가를 이루기 위해 애쓰며 살아가고 있다. 그러다 보면 자연스럽게 창의적인 아이디어나 좋은 결과를 얻게 된다. 감나무에서 감이 떨어지기를 입 벌리고 기다리는 것이 아니라 꾸준히 해야 할 일을 할 때 자연스럽게 영감이 떠오르고 성과를 얻게 된다는 것이 내가 배운 삶의 진리다.

매일 머리를 쥐어짠다고 좋은 아이디어가 나오지 않는 것처럼 가장 자연스러운 글쓰기, 가장 창의적인 글쓰기는 가만히 기다리거나 무조건 생각만 한다고 나오는 게 아니다. 논문을 쓰는 것부터 에세이나 리포트, 여행기, 보고서, 감상문, 독후감이나 서평을 쓸 때도 먼저 '그냥 쓰라'는 조언은 최고의 팁이요, 비법임이 틀림없다. 신학 공부를 하고 있는 둘째는 특히 이 말을 명심해라. 잘 써야 한다는 부담은 일찌감치 접어버려라. 나 역시 이런 가르침을 좀 더 일찍 깨달았다면 인생의 많은 부분이 달라졌을 것이다.

그래서 나는 너희들이 내가 먼저 겪었던 인생의 시행착오를 반복하며 살지 않기를 바라는 마음으로 틈을 내서 이렇게 글을 쓰고 있는 것이다. 이런 글이 지금의 너희 나이 때 얼마나 소중한 깨달음이 될 것인지 내 인생 경험을 통해 미리 짐작해 본다. 역지사지(易地思之)로 깨닫고 배우며 인생에서 소중한 시간과 자원을 낭비하지 않는다면 얼마나 좋겠느냐?

"매일매일 써라." 이것은 글쓰기에 있어서도 놀라운 팁이지만, 비단 글쓰기뿐 아니라 새로운 도전을 할 때에도 유용한 인생 조언이다. 우물쭈물하지 말고, 일단은 "그냥 시도해보라"고 말해 주고 싶다. 익숙하지 않은 일, 새로운 일을 앞에 두고 두려운 마음이 들더라도 계속해야겠다는 결심을 쉽게 꺾지 말아라. 꾸준히 하루하루 반복하다 보면 분명히 좋아지게 된다. 그리고 덤으로 두려웠던 마음자리에 즐거움이 대신 자리 잡을 것이다. 그렇게 안 쓰던 인생의 근육들을 사용함으로써 삶의 파도를 넘을 수 있는 튼튼한 인생 근육들이 너희 안에 단단히 자리잡히기를 응원한다.

바보라는 소리 듣기를
두려워 마라

바보라는 말을 들으면 그 인생은 성공한 것입니다.

그리고 인생의 승리는 사랑하는 자에게 있습니다.

장기려

사랑하는 아들아!

장기려 박사는 내가 참으로 좋아하는 인생의 스승 중 한 분 이다.

어제 토요일 오후부터 갈보리교회를 위해 나름대로 열심히 섬 겼다. 38~40도의 무더위 덕분에 땀도 엄청 많이 흘렸다. 설상가 상으로 오늘 오전 교회에서 설교하는 도중에는 전기까지 나가버 렸다. 한번 짐작해 보아라. 에어컨 시설이 전혀 안 되어 있는 양철 지붕으로 된 교회당 안은 복사열로 인해 사람들의 등에서 땀이 비오듯이 줄줄 흘러내렸다. 그런 상황 속에서 예배를 더욱 정성껏 인도했다.

밋밋한 설교, 쉬엄쉬엄하는 설교를 경계하는 나의 마음 자세를 이미 너는 잘 알고 있을 줄 안다. 나는 목사나 선교사가 강단에서 원고만 줄줄 읽으면서 시간 때우기식으로 하는 설교를 정말 견디지 못한다. 나 스스로 십자가에 달리신 주님의 피가 묻은 설교를 그런 식으로 하는 것을 용납하기 어려웠다. 그래서인지 다른 이들은 이런 나에게 이따금씩 바보라는 소리를 하는구나. 나를 아끼는 사람들은 왜 잠잠히 있지 않고 괜히 다른 사람에게 욕을 먹는 말과 행동을 하느냐고 충고하기도 한다.

많은 책을 쓴 다산 정약용이 유배 기간 중 아들과 주고받은 편지를 통해 많은 감동을 받았다.

어느 날 첫째 아들 정학연은 아버지에게 이런 편지를 보냈다.

"귀양살이의 고통이 얼마나 심하십니까? 다행히 소자가 유배에서 풀려날 방안을 마련했습니다. 판서로 있는 사촌 홍의호와 아버님의 석방을 막고 있는 이기영 대감과 강준흠 대감에게 용서를 구하신다면 일이 잘 풀릴 듯하옵니다."

정약용은 1816년 5월 3일에 아들에게 이런 답장을 썼다.

"보내 준 편지는 잘 보았구나. 이 아버지도 하루빨리 귀양살이에서 풀려나고 싶다만 네 말대로 할 수는 없구나. 그 까닭을 잘 들어 보거라. 천하에는 두 가지 큰 기준이 있으니, 하나는 옳고 그름, 즉 시비를 따지는 기준이고, 또 하나는 이로움과 해로움, 즉 이해를 따지는 기준이란다. 그런데 이 두 가지 큰 기준에서 다시 네

가지 큰 등급이 생겨난단다. 옳은 것을 지켜서 이익을 얻는 것이 가장 첫째 등급이고, 옳은 것을 지켜서 해로움을 당하는 것이 그 아래 등급이며, 또 나쁜 것을 좇아서 이익을 얻는 것이 그 아래 등급이고, 가장 낮은 등급은 나쁜 것을 좇아서 해로움을 당하는 것이란다. 그런데 너는 지금 나를 모함하여 귀양을 보냈던 자들에게 아부를 떨어 귀양의 고통을 덜어달라고 하고 있구나. 이는 나쁜 것을 좇아서 이익을 구하는 세 번째 등급을 하라는 것이지만, 끝내는 나쁜 것을 좇아서 해로움을 당하는 네 번째 등급으로 떨어지고 말 것이다. 그러니 내가 어찌 그렇게 할 수 있겠느냐? 너는 내 말을 명심하거라."

물론 너희들이 나에게 육신의 편한 길을 권한다는 이야기는 아니다. 그럼에도 당장 해가 되더라도 옳은 길을 선택하는 용기, 옳은 길을 향해 믿음을 갖고 꾸준히 노력하는 삶의 자세에 대해 깊이 생각해 보기 바란다. 사실 초대교회 시절뿐 아니라 지금도 십자가의 도전은 어렵게 다가온다. 예를 들면 불의한 고난을 참고 선으로 악을 이기라는 명령처럼 우리 본능에 반대되는 것은 없을 것이다. "악에게 지지 말고 선으로 악을 이기라"(롬 12:21)

십자가를 따르는 신자들에게 주님은 피해를 당한 만큼 갚을 준비를 하지 말고, 원수를 사랑하며 모든 문제를 당신에게 맡기라고 명령한다. 주님을 사랑하며 그런 삶을 기꺼이 선택하는 자들을 위해 하나님은 승리의 면류관을 준비하고 계심을 잊지 말아라. 세상이 바보처럼 보는 시선을 두려워하지 말고, 하나님이 우리를 어떻게 보실지 두려워하며 살아가자.

가치있는 일에
시간을 투자해라

그들에게 이르시되 삼가 모든 탐심을 물리치라

사람의 생명이 그 소유의 넉넉한 데 있지 아니하니라 하시고

누가복음 12장 15절

사랑하는 아들아!

지금 이곳에는 겨울이 다가오고 있다. 70여 년 인생을 살아오면서 인생은 높이가 아니라 깊이를 재야 제대로 알 수 있다는 사실을 새삼 깨닫는다. 깊이는 넓이로 확산되고 경이로움을 가져다준다. 특정한 물건에 대한 소유 여부가 행복을 가르는 것도 아닌데도 비싼 것, 좋은 것, 명품을 선호하는 성향을 거의 모든 사람이 비슷하게 갖고 있는 것 같다. 나는 지금 삶에 꼭 필요한 것만 구입하고 낭비를 줄이려고 애쓰고 있다. 다 지나가는 것이고 부질없는

것이라는 생각 때문이다. 이것은 그간 4개 대륙을 넘나들면서 수없이 이사를 하면서 깨달은 지혜다.

돈이든 시간이든 올바르게 쓰는 법을 배우면 얻을 수 있는 것이 아주 많더구나. 생활에 필요한 물건을 살 때도 무조건 싼 것만 찾지 말아라. 그렇다고 지나치게 고급 물건만 사라고 권고하는 것도 아님을 너희는 알 것이다. 특별히 아이들을 키울 때, 너무 명품에만 집중하지 말아라. 때로는 일부러 헌 것, 중고물품도 사다 주길 바란다. 나는 너희 쌍둥이를 키울 때 돈이 있어도 일부러 중고매장에 가서 세발자전거며 장난감을 구입해 주었다.

그러나 레고(LEGO)만은 그 당시 쌀 한 가마니 값 이상 되는 비싼 제품도 기꺼이 사주곤 했다. 그 연장선상에서 영국에서 유학할 때 너희가 영어로 산상수훈을 암송한 선물로 당시 레고 제품 중에서 가장 비싸고 좋은 것을 흔쾌히 사 주기도 했다. 당시 수년간 너희 쌍둥이가 갖고 놀던 그 장난감을 한국, 아프리카, 다시 파라과이까지 수없이 이사를 다니면서도 잘 보관하고 있다. 너희들이 커서 가정을 갖고 아이들을 낳아서 키울 때 깜짝 선물로 주기 위해서다. 어려서 수년간 손때 묻은 추억의 그 레고가 너희 가정에 새로운 보물이 될 줄 믿는다.

나는 오늘 삶의 자세를 말해주려고 이 이야기를 하고 있다. 신약성경을 기록한 언어인 헬라어에는 '시간'이라는 뜻을 가진 단어가 두 개 사용되고 있다. '카이로스'와 '크로노스'가 그것이다. 그리스 신화에 나오는 신의 이름이기도 한 크로노스는 낮과 밤, 계절처럼 모두에게 공평하게 흐르는 물리적인 시간을 의미한다. 크로노스가 객관적이고 연대기적 시간이라면 카이로스는 주관적이고 특별한 의미를 가지고 있는 역사적 시간을 가리킨다. 대표적으로 전도서 3장에 등장하는 '때'가 카이로스의 의미를 잘 보여준다. 전도서 3장은 인생만사에는 하나님이 정하신 때가 분명히 있음을 명쾌하게 보여주고 있다.

"범사에 기한이 있고 천하 만사가 다 때가 있나니 날 때가 있고 죽을 때가 있으며 심을 때가 있고 심은 것을 뽑을 때가 있으며 죽일 때가 있고 치료할 때가 있으며 헐 때가 있고 세울 때가 있으며 울 때가 있고 웃을 때가 있으며 슬퍼할 때가 있고 … 하나님이 모든 것을 지으시되 때를 따라 아름답게 하셨고 또 사람들에게는 영원을 사모하는 마음을 주셨느니라 그러나 하나님이 하시는 일의 시종을 사람으로 측량할 수 없게 하셨도다"(전 3:1~11)

인생은 절대로 양이 아닌 질로 결정된다는 것을 잊지 말아라! 같은 시간, 같은 장소, 같은 도시에서 같은 일을 하면서도 우리는 전혀 다른 삶을 각자 살고 있다. 가치 있는 일에 시간과 돈을 투자하렴. 영원한 가치의 저울에 정기적으로 너희 삶을 달아보아라.

시간을 낭비하지 말고
관리해라

그런즉 너희가 어떻게 행할지를 자세히 주의하여 지혜 없는 자 같이 하지 말고

오직 지혜 있는 자 같이 하여 세월을 아끼라 때가 악하니라

에베소서 5장 15~16절

사랑하는 아들아!

시간은 사용하는 사람에 따라서 늘어나기도 하고 줄어들기도 한다. 시간 관리에 서투른 사람일수록 시간에 쫓긴다. 시간을 효율적으로 사용하는 방법을 모르기 때문이다. 그래서 시간은 관리해야 한다. 관리하는 시간만이 내 시간이고, 생산적인 시간으로 사용 가능하다. 시간을 헤프게 사용하는 자는 가장 소중한 인생을 낭비하는 자이다. 따라서 시간을 대충대충 사용하지 말아야 한다.

나는 사람들이 하는 일 없이 빈둥거리는 모습을 보면 답답해 견

디지 못한다. 나 자신뿐만 아니라, 동료 선교사들, 목회자들이 잡담이나 하며 시간을 낭비하는 것을 보면 화가 나곤 한다. 같은 마음으로 선교지의 젊은이들이 나무 그늘에 앉아서 하루 종일 하는 일 없이 빈둥거리며 노는 모습을 볼 때마다 속상한 마음에 한숨이 절로 나오곤 했다. 예전에 탄자니아에 있을 때도 수많은 젊은이들이 마땅한 직장, 인생의 확고한 비전이나 목적을 찾지 못해 대부분의 시간을 그냥 흘려보내는 모습을 보면서 안타까워하곤 했다. 내가 이제 60대 중반을 넘기게 되어서 더욱 속상하게 여기는 마음이 드는 것은 아닌지 모르겠구나.

이곳 파라과이 젊은이들도 거의 대부분은 할일 없이 그냥 살아가고 있다. 예전보다도 그들을 바라보는 내 마음은 더욱더 답답하고 애처로워 한숨이 절로 나온다. 나는 선교사로서 그들에게 할일을 찾아주고, 인생을 왜 사는지, 무엇을 위해 살아야 하는지 알려줄 책임과 의무가 있는 사람이 아닌가? 그래서 내가 할 수 있는 영역 안에서 최선을 다하기로 했다. 나는 매주 토요일 오후 우리 집에 찾아오는 젊은 청소년들에게 삶의 목적과 이유를 정성껏 알려주고 있다. 복음을 알고 하나님 나라를 위해 자기 자신의 삶을 낭비하지 않고 불태우는 청년들이 되기를 소원하는 마음을 품고 열심히 가르치며 좋은 모델이 되려고 애를 쓴다. 앞으로 선교비가 좀 더 확보된다면 청년들을 위해서 우리 집 서가에 이들이 읽을 수 있는 인문학, 소설 철학, 시 등의 고전을 100권 정도 구입해서 젊은이들이 읽도록 하고 감상문을 서로 발표하도록 하고 싶다. 그렇게 평생 성경 읽기와 더불어 책읽는 좋은 습관을 기르는 사역도 더 확대해 가고자 한다.

나는 교회당 건물 1개를 세우거나 큰 프로젝트의 학교를 세우는 것보다도 이러한 소그룹 공동체를 통해서 파라과이의 동량재(棟樑材)가 될 인재들을 이곳에서 키워내는 비전을 갖고 있다. 앞으로 파라과이 장로교 신학교에서 본격적으로 내가 강의를 하게 되면 단순한 신학적인 지식을 전하는 것을 넘어서 사람의 됨됨이와 평생 습관을 확고히 다지는 인성교육, 영성교육에 더 치중을 하려고 한다.

사랑하는 아들아. 시간을 낭비하지 말고 철저히 관리하며 살아야 한다. 아이들은 너희들이 하는 모습을 그대로 모방하길 즐겨하게 될 것이다. 집 안에서 조용하게 성경 읽고 기도하는 모습, 시간이 있을 때는 가벼운 운동복 차림으로 훌쩍 집을 나가서 땀 흘리며 운동하는 아빠 엄마의 모습을 보여주기 바란다. 내가 20대부터 거의 45년 정도 시행착오하며 터득한 시간 관리 요령을 4가지 소개한다.

첫째는 하루의 시간 관리는 새벽기도 시간에 해라. 그 시간에는 기도수첩과 더불어서 반드시 메모지를 준비해라. 기도하다가 떠오르는 중요한 사람의 이름, 아이디어를 메모해라. 이렇게 새벽기도 시간에 떠오르는 사람을 위해서 기도하고, 그날 중에 전화나 SNS로 연락을 하면 거의 예외 없이 문제에 봉착해 있거나 내 도움이 필요한 상황인 것을 확인할 수 있었다.

둘째는 새벽기도시간에 하루의 일정을 위해 기도해라. 만나야 할 사람이나 처리할 일과를 놓고 기도하다 보면 아이디어가 떠오를 때가 있다. 그것을 바로 메모했다가 바로 그날 중에 처리하면 매우 창조적이고 매끄럽게 일이 진행되는 것을 알게 될 것이다. 지금까지 이와 같은 경험을 수없이 했다.

셋째는 매일 새벽에 맥체인성경읽기 순서에 해당하는 본문을 읽고 기도할 때, 그 말씀과 오늘 일정이 그대로 맞아떨어지는 경험을 수없이 하고 있다. 너희들도 신약과 구약을 매일 4~5장씩 균형 있게 읽어 나가다 보면 그날그날 풍성한 말씀 속에서 구체적으로 하나님의 인도함을 받는 나와 같은 경험을 하게 될 줄 안다.

끝으로 시간을 잘 관리하기 위한 가장 중요한 팁은 충동적인 약속을 하지 않는 것이다. 가족이나 직장 동료, 혹은 친지나 친구에게 함부로 약속을 하지 말아야 한다. 나는 이 부분에서 지금도 실수가 너무 많다. 가능하면 약속은 최소한으로 하길 바란다. 약속을 많이 하고 나면 그 약속에 얽매이기 때문이다. 매일매일이 백지와 같은 커다란 가능성이 열려있는 날이다. 충동적인 약속으로 인해 창조적으로 반응하며 행동을 할 수 있는 기회를 잃어버리지 않도록 해야 한다. 물론 내가 앞으로 반드시 이루고자 하는 비전과 결단 등을 미리 선포함에 따라 생기는 약속에 이끌려가는 일만큼은 예외다.

이상의 4가지 팁을 잘 활용하여라. 부디 너희들은 인생의 낭비를 최소한으로 줄이고 시간을 잘 관리하는 삶을 살아가기를 바란다.

진실성과 판단력을
갖춘 사람이 되어라

지혜를 얻는 것이 금을 얻는 것보다 얼마나 나은고

명철을 얻는 것이 은을 얻는 것보다 더욱 나으니라

잠언 16장 16절

사랑하는 아들아!

오랜만에 시원한 비가 오고 나니 날씨가 덥지 않아서 살만하구나. 지금까지 인생을 살아오면서 숱한 사람들을 보아왔다. 참으로 똑소리 나게 공부 잘하는 자들, 머리 회전이 비상한 영민한 사람들, 스포츠 분야에서 두각을 나타내어 언론 매체에 자주 등장하는 선수들, 음악과 성악에 탁월한 음악가들, 미술과 예술 분야의 유명한 사람들을 얼마나 부러워했는지 모른다. 잘하는 것이 아무것

일터_문제가 아니라 하나님을 바라봐라

도 없다고 생각했기에 공부를 더 열심히 했던 것 같다. 하지만 내 주위에 워낙 탁월한 실력자들이 많았기에 그들을 향한 부러움을 숨길 수 없었다.

가장 감수성이 예민한 20대 초반부터 나는 죠이선교회에 나가서 복음을 듣고 예수님을 만나 그리스도인이 되었다. 죠이선교회 안에 대학부와 일반부가 있었다. 나는 당연히 일반부에 소속되었다. 대학부의 죠이어(Joyer)들은 모두 당당해 보였고 영어도 잘했다. 같은 교제권 안에 있었지만 어느 정도 차이를 느꼈던 것이 사실이다. 솔직히 20대의 나는 열등감으로 인해 상당한 어려움을 겪기도 했다.

그러나 믿음이 성장하고 인생의 경험이 쌓이다 보니 눈에 보이는 것이 다가 아니더구나. 진실성과 종합적이고 상식적인 판단력! 이 2가지가 더 중요함을 점점 배우게 되었다. 언제나 하나님과 사람 앞에서 한결같이 성실하고 정직해라. 그리고 종합적이고 상식적인 바탕 위에서 지혜로운 판단을 내려라.

경쟁 사회를 사는 현대인들은 진실하기보다 적당히 거짓말도 하고 약삭빠르게 살아야 손해 보지 않는다는 생각을 가지고 있는 것 같더구나. 심지어는 성실하고 정직한 사람을 미련하다고 조롱하는 경우를 보기도 했다. 하지만 성경은 결국 정직자 자가 형통함을 선언한다. "정직한 자의 공의는 자기를 건지려니와 사악한 자는 자기의 악에 잡히리라"(잠 11:6)

정직하지 않은 수단으로 잠시 성공한 것처럼 보여도 자신이 했던 거짓으로 하나님께 심판을 받게 된다고 성경은 가르친다. 인생은 멀리 봐야 한다. 언제나 화평함과 거룩함을 좇으렴.

목적과 결과도 중요하지만 그사이에 놓여있는 과정이 더 중하다는 것을 나는 깨닫게 되었다. 그 모든 과정 중에서 하나님과 동거(同居), 동행(同行), 동역(同役)하는 '3동(同)의 삶'을 살아야 한다. 성경은 그런 삶을 형통이라고 했다.

당장 창세기 39장을 펴서 확인해 보아라. 애굽으로 팔려간 요셉은 시위대장 보디발의 노예가 되고, 그 가정의 총무 자리까지 올라간다. 하지만 누명을 쓴 요셉은 감옥에 갇히지만 간수장에게 인정을 받아 관련 사무를 모두 담당하게 된다.

39장 2~3절, 23절에 '형통'이라는 단어가 3번이나 나오는데 요셉이 겪은 일들을 살펴보면 세상 사람들이 흔히 생각하는 형통과는 차이가 있음을 알 수 있다. 내 뜻대로 일이 진행되었다고 다 형통하거나 성공한 것이 아니다. 하나님을 향한 변함없는 마음과 자세가 요셉의 형통함의 이유다.

그리고 하나님의 마음에 합한 기준을 가지고 제대로 된 선택을 하는 판단력이 중요하다. 그러니 사람이나 환경 때문에 힘들고 하나님께서 하시는 일들이 이해가 되지 않더라도 하나님을 향한 변함없는 태도와 신뢰를 가지고 살아가기 바란다.

자녀를 키우면서 너희 부부가 일관성 있는 모델이 되는 것이 가장 중요하다. 학교 성적보다 더 중요한 것이 있다는 것을 삶으로 분명히 가르치도록 해라. 언제나 진실하고 정직하게 말하고 말한 대로 살아야 한다. 아이들과 가능하면 약속을 적게 해라. 일단 농담으로도 약속을 했으면 어떤 사소한 약속도 반드시 지켜야 한다. 아직 어리기 때문에 아무것도 모를 것이라고 생각하지 말아라!

책임지는 자세로
인생을 개혁해라

자신이 한 행동들에 책임을 지지 않으면 스트레스를 받고 심리적으로 위축된다.

실수와 약점을 인정할 때 오히려 삶이 더 나아지는 법이다.

책임을 지는 태도는 자신을 사랑하는 행위다.

우리들 대부분은 무슨 일을 저지르고 나서야 깨닫고 가책하게 되며,

때로는 책임감을 피하기 위해 몸을 웅크린다.

제이크 듀시(Jake Ducey)

사랑하는 아들아!

오랜만에 글쓰기를 한다. 매일, 매주 일정 분량의 글쓰기를 하려고 작정했음에도 더운 날씨와 허리 통증을 핑계로 거의 한달 이상 제대로 글쓰기를 못했구나. 오늘은 책임감과 책임지는 태도에 대해 몇 자 쓴다.

요즘 젊은 사람들을 볼 때마다 많은 생각이 든다. 나는 이제 어디에 가든지 나이가 든 '꼰대' 연령층에 들어가 있어 조심스럽기는 하다. 젊은 선교사, 목회자, 한인들, 이 땅의 청년들을 만나면서 한결같이 안타까운 점이 있다. 그것은 무책임한 사람이 너무나 많다는 것이다. 이곳 현지인들 가운데 책임감이 있다고 느끼는 목회자, 신학생, 교인들은 그야말로 가뭄에 콩 나듯 드물다. 이곳의 문화는 '무책임'이라는 옷을 입은 듯하다.

사람들은 거짓말을 전혀 부끄러워하지 않는다. 주위의 가정들을 둘러보면 10대 여자아이들이 아이들을 낳아서 키우고 있는 경우가 많다. 한 집안에도 같은 엄마 밑에 아빠가 다른 배다른 형제가 대부분이다. 이러한 무책임한 삶의 태도가 현재 젊은 층 가운데 너무나 팽배한듯하다. 책임지려하지 않고 어떻게 해서든지 임기응변으로 순간의 어려움을 모면하려는 자세가 보편화되는 것 같아 더 무섭다.

이는 단지 현지에 있는 사람들만의 문제가 아니다. 이들과 교류하는 선교사들 사이에서도 사소한 약속을 지키지 않고 나중에 뻔한 거짓말로 변명을 늘어놓은 일들을 자주 경험하게 된다. 선한 영향력을 끼치기보다는 오히려 반대의 모습이더구나. 사랑하는 아들아, 세상이 어떻게 변하고 있든지 상관없이 너희는 손해를 보는 한이 있어도 정직하고 진실하게 살아야 한다. 몇 가지 예를 들어보면 이런 것들이다.

혹시 작은 약속이라도 했으면 끝까지 지키려고 노력을 하여라.

특히 아이들에게 무슨 약속을 했으면 작은 것도 반드시 지켜야 한다. 만약 약속을 늦게 지키게 되었을 경우에는 먼저 양해를 구하고 사과하여라.

내 책임을 다하면서 그렇지 못한 주위의 사람들을 비판하거나 판단하지 말아라.

성령께서 내가 한 말이나 행동에 대해 어떤 신호를 주실 때 즉각 순종하여라.

상급자, 연장자, 어른이 될수록 책임이 더 크다는 것을 알고 스스로 조심하여라.

마지막으로 약속은 되도록이면 적게 하고 일단 했으면 끝까지 책임을 져라.

이렇게 말하면 "아빠나 잘하세요" 하는 말이 들리는 것 같아 두려운 마음이 들기도 한다. 하지만 반복해서 이야기하는 마음을 이해해 주기 바란다.

너도 잘 알고 있는 윌리엄 윌버포스(William Wilberforce)의 삶을 보면 하나님 앞에서 거짓을 버리고 책임지는 삶을 살기로 한 결심이 얼마나 놀라운 일을 일으키는지 잘 알 수 있다. 18세기의 영국은 막강한 군사력으로 해가 지지 않는 대영제국을 이뤘다. 하지만 사회적 혼란과 부패, 신앙의 타락도 심각했으며 국가 재정의 30% 이상이 노예무역을 통한 수입이었다.

21살의 나이에 하원의원이 된 윌리엄 윌버포스 역시 동시대 사람들과 비슷한 삶을 살았다. 하지만 25살에 인격적으로 하나님을 만난 후 그는 변했다. 하나님이 노예제도를 원하시지 않음을 성경을 통해 깨달은 그는 자신의 삶부터 개혁했다. 도박과 춤을 끊고, 당시 타락의 온상이었던 극장 출입도 그만두었다. 그리고 노예무역폐지청원서를 의회에 제출하면서 긴 시간 동안 노예제 폐지를 위해 노력한다.

1807년에 영국에서 노예무역은 법적으로 폐지된다. 그리고 1833년 7월 27일, 죽음을 목전에 둔 그는 의회가 대영제국에 있는 모든 노예를 1년 안에 해방시키라는 법령을 발표했다는 소식을 듣는다. 크리스천이 하나님과 사람 앞에 정직한 삶을 살 때 자신과 사회가 개혁되는 일이 일어난다.

놀라운 일을 시작하려면 지금, 여기서부터 정직의 씨앗을 뿌려야 한다. 그 씨앗에서 나온 싹이 너의 인생을 책임지고, 세상을 개혁하는 튼튼한 나무로 자라게 될 것이다.

일에서 의미를 찾아라

그러므로 나는 사람이 자기 일에 즐거워하는 것보다

더 나은 것이 없음을 보았나니 이는 그것이 그의 몫이기 때문이라

전도서 3장 22절

사랑하는 아들아!

부디 인생을 즐겁게 살아라. 그 비밀은 너무나 간단하다. 일과 여가를 하나님의 축복으로 여기며 함께 추구해가는 것이 비결이다. 나는 이 말의 뜻을 60이 넘어서야 깨닫게 되었다. 너희는 나처럼 뒤늦게 이 진리에 눈을 뜨고 후회하지 말아라. 인생은 즐거운 것이다. 마지못해 허둥대고 불평불만하거나 시기질투하며 '비교하고 비교당하는' 그런 인생을 살지 말아라.

일과 여가를 일치시키는 좋은 방법은 일에서 의미를 찾는 것이다. 덴마크의 철학자이자 경영가인 모르텐 알베크(Morten Albaek)는 목적, 소속감, 개인적 성장, 리더십이라는 네 가지 요소를 통해 일에서 의미를 찾을 수 있는 방법을 다음과 같이 이야기한다.

첫째, 강력한 목적! 내가 속한 조직(공동체)이 어떤 변화를 만들려고 하는지 분명히 알아야 한다. 일터와 지역 교회를 섬기고 있으니 내 말을 더 잘 이해할 것이라고 믿는다. "우리는 왜 존재하고, 누구를 위한 변화를 만들기 위해 노력하는가?"라는 질문에 한번 답을 내보렴. 이때 목적은 함께 일하는 공동체 사람들 누구나 쉽게 이해할 수 있는 방식으로 공유되고 일상적 일에도 반영될 수 있어야 한다.

둘째, 소속감! 사실 다른 사람들과의 소속감은 의미를 경험할 때 빠뜨릴 수 없는 요소다. 사람은 생각과 마음이 분리되어 존재할 수 없는 것처럼 있는 그대로 받아들여지고 이해받을 필요가 있다. 역할이나 지위로 받아들여지는 것이 아니라 존재 자체로 말이다. 이렇게 안심하고 내 이야기를 할 수 있는 친밀한 관계는 흔들리지 않는 단단한 공동체를 만들어 주는 중요한 요소가 된다. 이렇게 될 때 일과 공동체는 더 큰 의미를 가지게 된다.

셋째, 개인적 성장! 사람들은 자신의 잠재력과 성장에 긍정적인 영향을 받을수록 일과 공동체에서 더 큰 의미를 느끼게 된다.

넷째, 리더십! 리더는 일터의 사람들이 의미를 찾을 수 있도록 도울 책임이 있다. 사람들이 공동체의 목적을 이해하며 소속감을

일터_문제가 아니라 하나님을 바라봐라

키우고 자신이 성장하고 있다는 느낌을 가질 수 있도록 체계를 세우는 일이 리더가 해야 할 일이다.

나는 신학공부를 하기 전에 공기업 조직과 대기업에서 비교적 성공적인 직장 생활을 했다고 자부하고 싶다. 2개 직장에서 참으로 성실하게 근무했다. 누가 보든지 말든지 한결같이 하나님 앞에서 근무시간을 정확히 지키며 결코 눈가림만 하면서 일하지 않았다. 그러기에 통신공사 본사와 극동건설에서 신우회와 일터교회를 만들어 적극적으로 동료 직원들을 섬기는 삶이 가능했던 것이다. 사실 일은 하나님이 세상을 창조하셨을 때부터 아담과 함께 있었다.

"여호와 하나님이 그 사람을 이끌어 에덴 동산에 두어 그것을 경작하며 지키게 하시고"(창 2:15)

이후 아담은 자신의 범죄로 인해 평생에 수고하여야 그 소산을 먹게 되었다.(창 3:17) 이전에는 다른 피조물과 화목한 가운데 일을 했다면 죄를 범한 후에는 하나님과의 화목이 깨지듯 다른 피조물과의 화목이 깨진 것이다. 일이 가지고 있는 이러한 측면을 무시하고 수고와 저주의 측면에서만 일을 바라보면 즐거움이 아니라 고역이 되어버리고 만다. 그리고 그 연장선상에 일과 의미의 분리 역시 놓여있다.

사도 바울 역시 신앙생활뿐 아니라 일상에서 하는 일의 가치를 중요하게 보았다.

"종들아 모든 일에 육신의 상전들에게 순종하되 사람을 기쁘게 하는 자와 같이 눈가림만 하지 말고 오직 주를 두려워하여 성실한 마음으로 하라 무슨 일을 하든지 마음을 다하여 주께 하듯 하고 사람에게 하듯 하지 말라 이는 기업의 상을 주께 받을 줄 아나니 너희는 주 그리스도를 섬기느니라"(골 3:22~24)

당시 노예들이 하던 일은 가치 없는 일, 육체적으로 힘든 일이었다. 지금 봐도 '주의 일'이라고 말하기 쉽지 않은 것이었다. 그러나 바울은 그런 일을 '주께 하듯' 할 것을 주문한다. 맡겨진 일을 사람에게 하듯 하는 것이 아니라 하나님께 하듯 하라고 말한다.

아들아, 교회라는 테두리 안에서 하는 일도 하나님이 아니라 사람을 기쁘게 하려고 한다면 그것은 하나님을 기쁘시게 하는 의미로운 일이 되지 못한다. 하지만 세상의 울타리 안에 있다고 생각되는 일이라도 주께 하듯 한다면 그 일이 가지고 있는 성격은 바뀌지 않지만 하나님을 기쁘시게 하는 의미로운 일이 되는 것이다. 그렇게 될 때, 먹든지 마시든지 무엇을 하든지 하나님의 영광을 위해서 살게 되는 경지로 업그레이드될 것이다. (고전 10:31)

아들아, 그렇게 인생을 즐겁고 기쁘게 살아라. 찬송하며 신바람 나게 살아라. 감사하고 감격하며 살아라.

문제가 아니라
하나님을 바라봐라

우리가 잠시 받는 환난의 경한 것이 지극히 크고

영원한 영광의 중한 것을 우리에게 이루게 함이니

고린도후서 4장 17절

사랑하는 아들아!

한국은 바야흐로 찬란한 봄꽃이 온누리에 가득하겠구나. 남반구에 위치한 파라과이는 지금 가을철이다. 길고 긴 여름 무더위가 끝나고 천고마비의 계절 속에 있다. 내가 봄을 유난히 더 좋아하는 것은 그 속에서 하나님 나라의 모습을 볼 수 있기 때문이다. 꽁꽁 언 땅에서 소리 없이 움트는 신비한 새 생명의 함성! 연이어 저마다 신비로운 자태로 피어나는 봄꽃의 향연! 벌 나비 새들이 덩달아 춤추는 천국의 무릉도원이 된 아름다운 세상!

사람들은 불가능한 상황을 만나면 늘 부정적 결과만 예측하고 그것에 사로잡히곤 한다. 그리고 주저앉아 핑계거리만 찾는다. 하지만 믿음의 눈으로 볼 때 불가능은 기회가 된다. 불가능이라는 상황은 하나님을 바라보라는 신호이고, 절호의 기회다. 절망의 때는 포기의 때가 아니고 은혜의 때다. 믿음으로 바라볼 때 비로소 불가능해 보였던 환경 속에서 길을 찾게 될 것이다.

너희도 봄 풍경 속 가득한 하나님의 손길을 하나하나 찾아보길 바란다. 하나님의 열린 마음으로 보는 봄이 진짜 봄이다. 하나님은 당신을 보려고 애쓰는 자들을 아름다운 자리로 인도하신다. 사람들은 그 자리를 '뭔가 더 있는 초월의 경지'라고 말하기도 한다.

마음에 하나님이 없는 사람들은 평화를 누리지 못하고, 꽁꽁 얼어붙은 채 여전히 겨울에 머물러 있다. 당연히 아름다운 봄을 선택할 것 같지만 의외로 우리 주위에 제대로 봄을 누리지 못한 이들이 많다는 아픈 현실을 직시해야 한다. 성령충만함과 봄을 느끼는 감수성 사이에 깊은 연관성이 있음을 나는 일찍이 경험했다.

삶을 바라보는 태도는 크리스천에게 가장 중요한 요소다. 내게 주어진 상황을 어떤 관점으로 해석하느냐가 중요하다. 사실 사람은 기도하지 않을 때 자기 생각과 육신을 의지하기 마련이다. 그래서 감당할 수 없는 상황을 만나면 낙심하며 실망에 빠지고 심하면 믿음을 잃어버리기까지 한다. 그래서 끊임없이 기도해야 한다. 기도는 우리를 주님의 눈길 안에 거하게 하고 그분의 시야로 자신과 세상을 바라보게 도와준다.

열왕기하 6장에 등장하는 엘리사와 사환이 그 좋은 예다. 그들이 살고 있던 성읍을 아람 왕의 군대가 밤새 에워싼 모습을 본 사환이 어찌할 줄 몰라 하자, 엘리사는 사환에게 이렇게 말하고 기도한다.

"두려워하지 말라 우리와 함께 한 자가 그들과 함께 한 자보다 많으니라 하고 기도하여 이르되 여호와여 원하건대 그의 눈을 열어서 보게 하옵소서 하니 여호와께서 그 청년의 눈을 여시매 그가 보니 불말과 불병거가 산에 가득하여 엘리사를 둘렀더라"(왕하 6:16~17)

똑같은 상황에서 누구를 바라보느냐에 따라 인생과 행동은 180도 달라질 수 있다는 사실을 잊지 말아라.

2015년에 파라과이에 처음 오면서 한국, 미국, 파라과이 세 곳에서 조금씩 다른 봄을 3번 경험하고 있다. 하나님은 나에게 분명하게 말씀하셨다.

"사랑하는 종아, 내가 너를 기뻐한다. 너는 한국의 봄을 그리도 좋아하는구나. 이곳에서 다시 봄을 즐거라! 그러나 파라과이, 남미에 사는 이들은 봄이 어떤 계절인지 제대로 경험하지 못하고 있구나."

봄을 마음껏 누리되 계절의 화려한 외양만 즐기는 사람이 되지 말아라. 새 생명의 함성을 들어라! 많은 사람들이 영안을 바로 뜨고 하나님의 은혜 속에서 세상을 다시 바라볼 수 있도록 애쓰자. 우리 모두 문제만 바라보며 꽁꽁 얼어있지 말고 항상 천국의 봄을 보도록 하자.

좋은 관계를 위한 비결은
험담이 아닌 칭찬이다

무엇보다도 뜨겁게 서로 사랑할지니 사랑은 허다한 죄를 덮느니라

베드로전서 4장 8절

사랑하는 아들아!

우리는 수없이 많은 대화를 하고 산다. 대화는 나와 너라는 관계에만 국한되지 않는다. 우리는 대화의 자리에 없는 사람에 대해 말을 할 때도 많다. 이때 가능하면 그 사람에 대해 좋은 말을 하길 바란다. 주변을 돌아보면 남들에 대해 말할 때 흉보고 욕하는 일을 즐기는 사람들을 쉽게 발견하게 될 것이다.

나도 지난 시절, 다른 사람에 대해서 욕하거나 흉보고 비난하는 말을 서슴없이 할 때도 있었다. 그 일을 생각하면 많이 부끄럽구나. 그러나 나 자신이 성경을 연구하고 말씀의 세계에 눈을 뜨게 되면서 잘못된 언어습관을 돌아보게 되었다. 그리고 무엇보다 내 심령이 성령의 기름 부으심을 경험하면서부터 언어생활에 엄청난 변화가 찾아왔다. 나는 이 진리를 깨닫게 된 후부터는 같은 자리에 없는 사람에 대해 말할 때는 가능하면 칭찬하는 말, 긍정적인 말만 하려고 의식적으로 노력하고 있다. 우리의 입에서 나오는 말은 자신의 신앙고백을 담고 있기 때문이다. 말을 통해서 나의 신앙 인격이 전달된다는 것을 안다면 어찌 조심하지 않을 수 있겠니?

그간에 내가 깨달은 5가지 지혜를 나누고 싶다.

첫째는 그 자리에 없는 사람에 대한 말은 하지 않는 것이 좋다. 부득이하게 남의 말을 하게 될 때는 긍정적인 말을 하도록 해라.

둘째는 다른 사람이 어떤 이에 대해서 부정적인 말을 하는 내용을 들을 때는 듣기는 하되 맞장구를 치면서 같이 합세해 그를 비난하거나 중상모략하는 일은 어떤 경우에도 없어야 한다.

셋째는 그래도 미운 사람, 정말 못마땅한 사람이 있을 것이다. 그런 때는 그의 이름을 기도 수첩에 적어놓고 계속 그를 위해서 축복하며 기도해라. 이것은 놀라운 방법이다. 레오나드 레이븐힐 목사의 조언대로 험담의 가장 효과적인 억제 수단이 틀림없다.

"우리는 우리가 험담하는 사람들을 위해 기도하지 않지만, 우리가 기도하는 사람들을 험담하지 않습니다. 기도는 큰 억제책입니다."
(레오나드 레이븐힐)

넷째는 주위에서 누구를 비난하거나 중상모략하는 이야기를 들으면 그 사람을 긍휼히 여기고 역지사지하며 반면교사로 삼도록 해라. 이것이 크리스천의 당연한 자세여야 한다.

다섯번째는 SNS상에서 상대를 비난하는 견해를 피력하거나 다른 사람에 관한 비난 글을 함부로 퍼 나르는 일을 하지 말아라. 나는 SNS상에서 남의 글을 퍼나르기에 열심인 사람을 측은하게 여긴다.

논쟁이 아니라 공감의 말을 해라

유순한 대답은 분노를 쉬게 하여도 과격한 말은 노를 격동하느니라

지혜 있는 자의 혀는 지식을 선히 베풀고 미련한 자의 입은 미련한 것을 쏟느니라

잠언 15장 1~2절

사랑하는 아들아!

영국과 한국에는 이제 서서히 찬란한 봄이 오고 있겠구나. 온누리에 봄볕이 충만하게 되면서 꽁꽁 얼어붙은 대지에 봄꽃들이 만발하고 벌, 나비가 마음껏 훨훨 나는 축제의 세상이 눈에 보이는 것 같아 기분이 좋구나.

봄이 가지고 있는 '따뜻한 이미지'를 생각하면 기분이 좋아지는 것처럼 우리 인생에도 따뜻함은 꼭 필요한 요소라고 생각한다. 나이를 먹으면서 믿음과 말의 온도가 올라가야 하는데 점점 내려가

는 것은 아닌지 조심스럽다. 젊었을 때는 참고 있던 말이 나도 모르게 터져 나와 찌르는 화살이 된 것을 뒤늦게 깨닫고 주워 담아 수습하기 어려워져 의기소침해진 경우도 더러 있었다.

얼굴 표정이나 말에 차가움이 아니라 따뜻함을 더 담아낼 수 있기를 기도한다. 다행히 내가 설교하거나 말을 할 때면 열정이 느껴져서 좋다는 소리를 가끔씩 듣곤 한다. 그런 소리를 들을 때마다 감사하게 된다. 아들아, 할 수만 있으면 긍정적인 말, 희망의 말, 비전의 말을 해라.

무엇보다도 논쟁하기보다 공감하는 말을 하는 사람이 돼라. 사람 사이의 관계나 감정이 얽힌 상황에서는 토론이나 논쟁이 설득력을 갖기 어렵더구나. 자신의 생각을 드러낼 수는 있지만 상대의 마음에 닿기는 쉽지 않고 오히려 마음의 문을 더 굳게 닫아버릴 뿐이니 말이다.

헨리 나우웬은 우리의 상처가 부끄러운 과거의 흉터로만 남지 않고 치유의 원천이 될 수 있다고 말한다. 상처에 대한 공감과 이해를 통해 진정한 사역이 이루어질 수 있기 때문이다. 그는 공감이 가지고 있는 소중한 가치를 '상처입은 치유자(Wounded Healer)'라는 말속에 잘 담아내고 있다.

나 역시 상처 입은 상대의 마음을 가장 잘 치유할 수 있는 것이 바로 공감이라고 생각한다. 상대를 공감하는 과정에서 내 안의 깊은 상처나 감정 역시 함께 공명하게 된다. 공감을 할 때 주의할 몇

일터_문제가 아니라 하나님을 바라봐라

가지 생각을 적어본다.

첫째, 공감하기 위해서는 상대에게 주의를 기울이는 만큼 나 자신의 감정과 상처에도 민감해야 한다. 그래야 상황과 형편에 흔들리지 않고 상대방이 마음을 열 때까지 여유를 가지고 기다려 줄 수 있다.

둘째, 공감하기 위해서는 머리와 가슴이 모두 필요하다. 상대방과 그가 속해 있는 상황을 자세히 알수록 더 잘 이해할 수 있다. 그리고 상대에 대한 이해가 깊어질수록 감정적인 공감 역시 오해를 불러일으키지 않고 원활한 소통이 가능해진다. 욥과 친구들 사이의 대화를 보면서 느껴지는 답답함의 여러 원인 중 하나가 바로 여기에 있다.

셋째, 상대를 잘 모른다고 두려워하지 말아라. 제대로 이해하고 알게 될 때까지 시간을 들여 조심스럽게 질문을 던져라. 이때 상대를 존중하는 마음과 태도가 잘 전달될수록 좋다. 질문을 통해 마음과 상황이 정리되고 닫혔던 문이 열리면 공감은 더욱 잘 이루어진다. 욥기 42장에서 "이제는 눈으로 주를 뵈옵나이다"(5절)라고 했던 욥의 마음을 떠올리면 좋을 것이다.

넷째, 공감은 제대로 듣는 것이다. 곧 경청이다. 다른 사람이 아니라 자신의 이야기를 할 수 있도록 질문하고 들어야 하며, 상대방의 존재 자체를 존중하고 자신이 느꼈던 감정을 중심으로 이야기를 할 수 있도록 도와야 한다. 진정한 듣기는 말하는 상대의 생각과 마음을 읽는 것이다.

다섯째, 공감은 상대방이 자신의 감정을 정리하고 어느 정도 거리를 두고 바라볼 수 있게 될 때까지 함께 있어주는 것이다. 잘못되거나 혼란스러운 상황을 정리할 수 있을 때까지 상대방의 손을 꼭 잡아 주며 안전한 상황을 만들어 주는 것이다. 이 과정에서 필요한 것이 이전까지 살펴본 방법들이다. 하나님은 사람에게 놀라운 치유의 능력을 주셨다. 그리고 이 치유는 공감하는 사람이 있을 때 더 빠른 속도로 일어나게 된다.

상처를 그대로 두면 감염되고 덧나기 쉽다. 하지만 제대로 관리하면 빨리 아물게 할 수 있다. 사람도 마찬가지다. 따뜻한 공감은 상처를 치료하는 최고의 방법이다. 안전하다고 믿은 사람에게 상처입은 자신이 온전히 받아들여지고 공감을 받을 때, 통증은 가라앉고 상처는 치유된다. 이 땅의 상처입은 사람들에게 찾아가 친구가 되어주고, 그들의 상처를 위로하는 삶을 살기 바란다. 요즘에 나는 마음이 상한 사람, 불행에 처한 동료들을 찾아가 말없이 함께 있어만 주어도 그들의 상처가 치유되는 경우를 경험하고 있다.

4

인생

영원한 것에 인생을 투자해라

인생은 마라톤이다.
결코 멈추지 마라

일반인들은 한 걸음 내디딜 때마다 숨을 내쉬고 들이쉬지만,

호흡 훈련을 하면 3-3-3호흡을 합니다. 세 걸음 가는 동안 들이쉬고,

세 걸음 가는 동안 숨을 멈추고, 세 걸음 가는 동안 내쉽니다.

물론 4-4-4, 5-5-5도 가능합니다.

이렇게 호흡하면 일반 호흡보다 5~6배의 산소량이 몸에 들어오니 숨이 찰 수가 없어요.

숨이 차서 헐떡거리는 것은 곧 몸에 산소가 부족하다는 반응이지요.

이길우

사랑하는 아들아!

나는 1975년 군대 만기제대 후부터 조깅을 하다가, 북한에서 개최된 2002년 제2회 금강산 마라톤 대회에 참석한 뒤로 본격적으로 마라톤을 즐기게 되었다. 마라톤은 호흡이 관건이다.

제대로 호흡을 하려면 연습이 필요하다. 들숨과 날숨을 잘 쉬어야 건강하다. 숨이 가쁘고 헐떡대면 인생도 결국 헐떡거리게 된다. 우리 주위에는 삶의 무게 때문에 헐떡이는 자들이 너무나 많다. 그래서 인생을 마라톤이라고 하는가 보다. 저마다 달려갈 길이 있다. 단거리 경주처럼 급한 마음으로 질주하지 말아야 한다.

어떤 운동이든 제대로 된 자세와 호흡이 기초가 되어야 한다. 제대로 된 인생 호흡법을 익히기 위해 반드시 공부해라! 인생길 가는 모든 사람들은 운동장 안에서 달리는 경주자다.

오늘은 매일 달리기를 하면서 깨달은 것들을 나누고자 한다.

첫째, 단거리로 승부하려고 생각하지 말아라. 인생은 마라톤이기에 전체를 보면서 긴 거리를 달려야 한다.

둘째, 꾸준한 훈련은 몸과 마음이 먼저 기억한다. 근육에 훈련량이 입력되고 그 훈련을 견딜 수 있도록 몸이 적응해 나간다. 조금만 운동을 쉬어도 근육과 마음은 금세 풀어지고 만다. 반복적으로 쌓은 기초가 탄탄해질 때 인생에 가속도가 붙는다.

셋째, 마라톤은 남들과의 경쟁이 아니라 '자기 속도로 달리는' 자기와의 경쟁이다. 마라톤 주자들은 대부분 침묵 속에서 자신의 리듬에 맞춰 달려야 한다. 이렇게 자기가 관심 있는 일을 좋아하는 방식으로 반복하다 보면 어느새 그 일에 몸이 익숙해지면서 고유한 리듬이 생길 것이다.

넷째, 사람들은 마라톤 풀코스 중에서 35킬로미터 지점을 지날 때 큰 고통을 느낀다고 한다. 하지만 마라톤은 괴로움으로만 끝나지 않는다. 달리는 과정에서 아픔도 느끼지만 결승선을 통과할 때 우리가 느끼는 만족감은 이루 말할 수 없다. 이는 마라톤이 주는 선물이다. 고통스러운 과정을 통과함으로써 얻게 되는 인생이 주는 선물 역시 이와 같다.

나는 탄자니아에서 선교사로 섬길 때 칼빈신학교 신학생 전체를 대상으로 맥체인성경읽기와 더불어 새벽기도가 끝나면 곧바로 신학교 앞 운동장에서 태권도를 가르쳤다. 그리고 5~6km 단축마라톤을 했다. 처음에는 학생들이 헐떡거리며 못하겠다고 온갖 핑계를 대곤 했다. 그런데 1학기를 마쳐갈 쯤에는 모두가 얼마나 태권도와 마라톤을 즐기게 되었는지 모른다. 나는 요즘에도 계속 조깅(마라톤)을 즐기고 있다. 엊그제도 10km를 가볍게 달렸다.

아들아, 인생은 마라톤이다. 학업과 직장생활로 피곤하겠지만 틈나는 대로 시간을 확보해서 매일 달려라. 핑계 대지 말아라. 자신만의 호흡법으로 꾸준히 달려야 한다. 그렇게 자기 리듬 안에서 좋아하는 일을 반복하다 보면 어느새 그 분야에 익숙해져 있는 자신을 발견하게 될 것이다.

좋은 습관을 통해
인생의 핵심 근육을 단련해라

핵심 근육(Core Muscle)이란 몸통을 둘러싸는 근육인데, 위로는 횡격막(주호흡근),

앞과 옆으로는 복횡근, 뒤로는 척추의 작은 근육(척추 뼈에 붙어 있는 작은 근육), 척추

앞의 장요근 아래의 항문과 요도를 수축하는 근육을 말한다.

평소에 이 근육을 강화시키면 여러 가지 좋은 점이 있다.

이승원

사랑하는 아들아!

E. C. 맥켄지(MacKenzie)는 인생을 망치는 열 가지 방법에 대해 이렇게 말한다.

1. 하나님을 경외하지 않고 재물이나 권력을 섬긴다.

2. 모든 문제의 원인을 남의 탓으로 돌리고 끝없이 불평한다.

3. 타인에게 받은 은혜는 쉽게 잊고 서운한 일은 반드시 되갚는다.

4. 남보다 나를 낮게 여겨 대화의 반 이상을 자화자찬에 소비하고 다른 사람
   의 결점은 확대시킨다.

5. 몸에 좋지 않은 음식을 닥치는 대로 먹고 특히 술 마실 기회는 절대 놓치
   지 않는다.

6. 책을 멀리하고 쾌락을 가까이한다.

7. 부정적이고 퇴폐적인 생각만 한다.

8. 부모가 원하는 것은 대충 듣고 자녀가 원하는 것은 다 들어준다.

9. 있는 것보다 없는 것을 따지고 주기보다 받을 것만을 생각한다.

10. 영원이란 존재하지 않으므로 마음껏 죄를 짓고 산다.

인생에 대해 곰곰이 생각하게 만드는 이야기다. 너도 자기만의
인생 관리 방법이 있을 것이다. 사람들은 관리라는 말을 들으면
보통 자기 관리, 시간 관리, 생각 관리, 체력 관리 등을 떠올린다.
그런데 내가 인생을 살아보니 무엇보다 건강 관리가 가장 중요하
더구나.

보통 사람들은 60, 70대가 되면 이미 건강이 결판난다. 그래서
나이가 들수록 근육 운동을 해야 한다. 그중에서도 필수적인 요소
가 핵심 근육(Core Muscle)을 키우는 운동이다. 이 핵심 근육을
강화하는 가장 좋은 운동이 스쿼트라는 하체운동이다. 하체가 튼
튼하고 단단해야 건강하게 생활할 수 있기 때문이다. 실제로 주변
을 살펴보면 평소 운동하기 싫어하고 게으른 사람은 삶에 활기가
없고, 매일을 소일하며 살 뿐이다. 하루하루를 낭비하며 보람도

없는 세월을 보낸다.

　많은 현대인이 몸보다는 머리를 쓰는 일을 하며 살고 있기에 몸 관리는 더욱 중요하다. 마음과 정신 상태가 몸에 영향을 미치는 것처럼 몸을 관리할 때 정신과 마음까지 관리할 수 있기 때문이다. 오히려 눈에 보이는 몸을 관리하는 일은 더 쉬운 일이기도 하다.

　나는 너희들도 틈나는 대로 하체운동을 할 것을 강권한다. 아이들과 무조건 나가서 20~30분을 같이 운동해라. 나는 이미 40년 전부터 이렇게 살아왔다. 어느 곳에 여행을 가더라도 항상 숙소 주변의 조깅 코스를 찾아 뛰었다. 그렇게 가볍게 한 바퀴 뛰다 보면 흐르는 땀과 함께 시차나 피로감이 다 날아가 버리곤 했다.

　이런 건강 관리와 맥체인성경읽기표에 따른 성경묵상을 통한 영성 관리 등을 통해 인생을 풍요롭게 살기 바란다. 인생에는 다 때가 있더구나. 나이가 든 전도서 기자가 "너는 청년의 때에 너의 창조주를 기억하라"(전 12:1)고 강조한 것처럼 말이다. 몸과 마음을 잘 관리하면서 주어진 미래를 대비하자. 이런 삶의 노하우가 대대로 우리 가족의 좋은 유산이 되길 바란다.

마음의 성벽을 단단히 지켜라

믿음은 당신을 힘든 상황에서 벗어나게 해주는 것이 아니라

당신의 마음을 바꿔 주는 것입니다.

데이비드 윌커슨(David Ray Wilkerson)

사랑하는 아들아!

이곳 파라과이 아순시온에서는 나도 모르게 날씨에 지대한 영향을 받으며 살게 되는구나. 바꿀 수 없는 날씨를 어쩔 수는 없지만 우리 마음은 다스릴 수는 있다는 사실에 위로를 받는다. 그런데 막상 마음을 돌보는 일이 생각만큼 쉽지 않구나.

실제로 인류 역사상 가장 지혜롭고 부족함 없는 사람으로 알려진 솔로몬 왕의 삶을 살펴봐도 마음을 다스리는 일이 얼마나 어려운 것인지 알 수 있다. 그는 모든 것을 할 수 있는 왕으로서 모든 권세, 쾌락, 영화를 누렸고 지식에도 통달했다. 하지만 최고의 영광을 누렸던 그의 영화는 영원하지 못하고 끝나버렸다. 모든 것을 다룰 수 있었지만 정작 중요한 자신의 마음은 다스리지 못했기 때문이다.

자기 수양을 통한 사회질서 확립을 강조한 대학(大學)에서도 "밝은 덕을 천하에 밝히고자 한 사람은 먼저 그 나라를 다스렸으며, 그 나라를 다스리고자 한 사람은 먼저 그 집을 다스렸고, 그 집을 다스리고자 한 사람은 먼저 그 몸을 다스렸다. 그 몸을 다스리고자 한 사람은 먼저 그 마음을 다스렸고, 그 마음을 다스리고자 한 사람은 먼저 그 뜻을 참되게 했으며, 그 뜻을 참되게 하고자 한 사람은 먼저 그 앎을 이루었다. 앎을 이루는 것은 사물을 궁구함에 있다"며 마음 다스림의 중요성에 대해 말하고 있다. 우리가 많이 들어본 '수신제가 치국평천하(修身齊家 治國平天下)'가 바로 이 책에서 유래되었다. 오늘은 마음 다스림의 방법을 성경에서 찾아보려고 한다.

"모든 지킬 만한 것 중에 더욱 네 마음을 지키라 생명의 근원이 이에서 남이니라"(잠 4:23)

생명의 근원이 다른 것에 있지 않고 바로 마음에 있다고 성경은 말한다. 마음의 상태에 따라 삶의 모습이 결정되는 것을 실제로 경험해 봤을 것이다. 마음을 아무 곳에나 열어두고 있어서는 안 된다.

"노하기를 더디하는 자는 용사보다 낫고 자기의 마음을 다스리는 자는 성을 빼앗는 자보다 나으니라"(잠 16:32)

성을 수비하는 측은 성을 빼앗으려는 쪽의 절반이 되는 전력만으로도 수성을 할 수 있다고 한다. 그만큼 성을 빼앗는 일이 쉽지 않다는 말이다. 그런데 성을 빼앗는 자보다 더 윗 부분에 마음 다스리는 자가 있다. 이를 통해 마음의 성을 지키는 일이 얼마나 어려운 것인지 생각해 볼 수 있다. 소 잃고 외양간 고치는 어리석음을 범해서는 안 된다. 마음의 성이 무너진 후의 비참함을 성경은 이렇게 이야기한다.

"자기의 마음을 제어하지 아니하는 자는 성읍이 무너지고 성벽이 없는 것과 같으니라"(잠 25:28)

성읍이 무너지고 성벽이 없는 상황에선 어떤 일이 일어날까? 강도들이 마음대로 드나들며 도둑질하고 죽이고 멸망시키는 일이 발생할 것이다. 사실 성벽이 무너지고 성읍이 망하는 일은 쉽게 일어난다. 마음이 흘러가는 대로 그냥 두면 성벽은 무너지고 말기 때문이다. 이와 반대로 성벽을 세우는 일은 매우 어렵다. 느헤미야서에 등장하는 성벽 재건 이야기를 보면 잘 알 수 있을 것이다. 느헤미야와 리더들의 강철같은 믿음과 의지가 있었음에도 성벽 공사 과정에 많은 방해가 있었음을 볼 수 있다. 성벽이 무너진 것처럼 마음이 혼란스러울 때는 잘못된 결정을 하거나 말실수를 할 가능성이 높다.

어떻게 하면 마음을 다스릴 수 있을까?

역시 그 첩경은 하나님의 말씀을 견고히 붙드는 것이다. 곧 하나님을 꼭 잡으라는 말이다. 먼저 죄를 회개하고, 혼란스러운 마음을 정리해야 한다. 회개할 때 주님은 모든 불의에서 우리를 깨끗하게 해주신다고 약속하셨다. (요일 1:9)

다음으로 성경 말씀을 통해서 마음의 생각과 뜻을 판단하고 정리해야 한다. (히 4:12) 말씀을 잘 모르면 자기 소견에 옳은 대로 살게 된다. (삿 21:25) 그래서 마음과 삶의 모든 곳에 영향을 미칠 때까지 말씀을 꼭 붙들어야 한다. 그리고 기쁨과 기도, 감사를 통해 마음을 지켜야 한다.

"주 안에서 항상 기뻐하라 내가 다시 말하노니 기뻐하라 너희 관용을 모든 사람에게 알게 하라 주께서 가까우시니라 아무 것도 염려하지 말고 다만 모든 일에 기도와 간구로, 너희 구할 것을 감사함으로 하나님께 아뢰라 그리하면 모든 지각에 뛰어난 하나님의 평강이 그리스도 예수 안에서 너희 마음과 생각을 지키시리라"(빌 4:4~7)

그렇게 될 때 마음에서 매고 푸는 대로 하늘에서 매이고 풀리는 일을 경험하게 될 것이다. (마 16:19) 마음 다스리기라는 필생의 숙제를 잘 감당함으로써 인생의 성벽을 단단하게 세워가기 바란다.

꾸준함과 헌신으로
인생을 개척해라

진실을 찾아 나가는 사람은 저절로 좋은 사람이 된다.

우리가 좋은 사람이 못 되는 것은 운이 없어서도 아니고 열심히 살지 않아서도 아니다.

진실을 찾아가려는 노력을 중지했거나

더 이상 진실을 찾지 않아도 된다고 자만했기 때문이다.

양창모

사랑하는 아들아!

'어떤 사람이 좋은 사람일까?' '저절로 좋은 사람이 될 수 있을까?' 나는 지금까지 살아오면서 이 질문을 오랫동안 해왔다. 이 모든 질문의 정답은 역시 꾸준함, 즉 헌신에 있다.

조선 중기의 대표적 시인이자 독서가인 백곡(白谷) 김득신은 만 번 이상 읽은 책이 36편이나 된다고 한다. 그는 어린 시절 천연

두를 앓아서 10살이 돼서야 글공부를 시작했는데 머리가 너무 나빠서 아무리 읽어도 글을 외우지 못했다. 그래도 그는 읽고 또 읽고 반복해 읽으며 책을 외웠다. 특히 사마천의 '사기' 가운데 백이전(伯夷傳)을 좋아해 11만 3천번이나 읽었다는 전설같은 일화도 전해진다. 그는 자신의 작은 서재에 억만재(億萬齋)라는 이름을 붙였다. 당연히 이런 그의 주변에는 공부를 포기하라고 권하는 사람들이 많았다. 하지만 그는 포기하지 않았고 1662년에 꿈에 그리던 과거에 급제했다. 그의 나이 59세였다. 40여 년간 꾸준히 읽고 공부한 끝에 당대 최고의 시인이 될 수 있었다. 그가 스스로 지은 묘비명에는 "재주가 남만 못하다고 스스로 한계짓지 말라. 나보다 둔한 사람도 없었을 것이지만 결국에는 이룸이 있었다. 모든 것은 힘쓰는 데 달려 있을 따름이다"라고 쓰여 있다.

내가 살아보니 꾸준한 사람이 결국은 계속 성장하는 사람이더구나. 하나님과 사람 앞에서 성실한 사람이 성공한 인생이라 할 것이다. 그런데 이렇게 한결같이 꾸준한 사람은 솔직히 말해서 그리 많지 않더구나. 하나님의 말씀을 강단에서 일평생 전하고, 많이 공부하고 학교에서 가르치며 평소에 성경을 계속 읽고 묵상한 사람이더라도 정직하지 않은 자는 여전하더라. 겉은 그럴듯해 보여도 그 인격은 별로인 자들도 종종 보았다.

시간이 지난다고 해서 저절로 경험이 쌓여 성장하고 더 지혜로워지는 것은 아니다. 오히려 꼰대라는 말을 들을 정도로 편견에 사로잡히거나 고집쟁이가 되어 어리석은 행동을 하는 사람이 될

인생_영원한 것에 인생을 투자해라

수도 있다. 세월이 흐를수록 지혜로워지고 성장하는 사람은 남에게는 관대할지언정 자신에게는 엄격하다는 특징을 가지고 있다. 한마디로 끝까지 자기 관리가 가장 중요하다고 말할 수 있겠다.

인생을 살면서 어느 정도 안정을 누리고 이만하면 되었다는 생각이 들 때가 있다. 실은 그때가 위기의 시작이다. 여기서 흘러가는 대로 그냥 두면 그나마 쌓이기 시작한 기반이 모래성처럼 허물어져 내리는 첫걸음이 될 수 있다. 왜냐하면 높아진 수준을 감당하려면 지금까지와는 다른 차원의 역량이 요구되기 때문이다. 사람은 꾸준히 성장하기를 멈출 때 삶의 의미를 잃어버리고 방황하게 된다. 어쩌면 우리는 성공이 아니라 성장을 목표로 인생길을 걸어가야 하는 것이 아닐까 싶구나.

성장하기 위해 가장 필요한 것을 꼽자면 꾸준히 배우기를 힘쓰는 것이다. 그밖에 필요한 일들을 몇 가지 적어본다.

이전까지 양적인 시간과 노력을 기울였다면 이제부터는 질적인 노력을 기울여라. 규칙적인 휴식을 통해 재충전의 기회를 가지며 일과 휴식의 균형을 이뤄라. 나무를 보며 열심히 달려왔다면 이제는 나무와 숲, 단기와 장기적인 목표를 두루 살펴봐야 한다. 지금까지 이룬 성과에 만족하지 말고 긴장감을 유지해야 한다. 낭비하는 시간을 줄이고 의미있는 일에 시간을 사용해라. 홀로 있는 시간, 성장을 위한 시간 등 자신을 위해 세월을 투자해라. 서로 신뢰할 수 있는 관계를 맺어라. 내가 평소에 이렇게 살려고 노력하고 애씀을 너희도 알 것이다 중요한 일, 가치 있는 것을 위해 노력할수록 어려움을 만나기 쉽다. 아들아, 그러니 네가 가는 길에서 시련을 만났다면 제대로 된 길을 가고 있다는 사인이라고 생각하면 좋겠구나. 모든 위대한 일에는 대가가 따른다. 일이 클수록, 희생 또한 크다. 그 대가는 꾸준함과 헌신이다. 그 길이 옳다고 생각하면 지금 당장은 해답이 보이지 않더라도 끝까지 그 길을 걸어가렴. 너의 꾸준함과 헌신적인 태도는 다른 사람들에게 네가 어떤 사람이고 무슨 일을 하는 사람인지 알려주는 명함이다.

인생에서 차이를 만들어내는 일은 아주 사소한 것일 때가 많다. 사소한 일이라고 무시하지 말고 최선을 다하고 끝까지 점검해라. 가치 있는 일을 위해 애쓸 때 하나님의 섭리 또한 역사하기 시작한다는 것을 잊지 말아라. 언제 어디에서나 꾸준해라. 하나님 앞에서, 또 사람 앞에서 한결같은 사람이 되어라.

입술에 파수꾼을 세워라

내 사랑하는 형제들아 너희가 알지니 사람마다 듣기는 속히 하고

말하기는 더디 하며 성내기도 더디 하라

야고보서 1장 19절

경우에 합당한 말은 아로새긴 은 쟁반에 금 사과니라

잠언 25장 11절

사랑하는 아들아!

젊은 시절, 나는 말의 실수가 참으로 많은 사람이었다. 말이 가 볍고 경거망동했으며 함부로 말해서 상대방을 당황하게 만들기도 했다. 내가 함부로 말을 해서 혹시 너희에게 상처를 끼친 일도 많 았을 것이다. 너그러이 용서해다오.

꾸준히 성경을 읽고 연구하다보니 말을 가려서 하는 일이 매우

중요하다는 이야기를 요즘 반복적으로 접하게 된다. 이와 관련된 내용을 구약과 신약 성경에서 찾아볼 수 있다. 잠언 21장 23절에 이런 내용이 있다.

"입과 혀를 지키는 자는 자기의 영혼을 환난에서 보전하느니라"

입과 혀를 지킬 때 자기 영혼을 환난에서 보전할 수 있다고 잠언 저자는 말한다. 반대로 말하면 입과 혀를 지키지 못할 때 환난에서 헤어나지 못하게 된다는 뜻이 아니겠니?

야고보서 3장 2절에서도 관련된 내용을 찾아볼 수 있다.

"우리가 다 실수가 많으니 만일 말에 실수가 없는 자라면 곧 온전한 사람이라 능히 온 몸도 굴레 씌우리라"

야고보는 말을 제어할 수 있는 사람이 자기 몸 역시 다스릴 수 있다고 말하며, 그가 성숙한 자라고 칭찬한다. 한 사람의 성숙도를 가리키는 중요한 기준이 바로 그의 말에 달려 있다니 말의 무게가 천금 같이 느껴지는구나. 실제로 주위를 둘러보니 말을 제어할 줄 모르는 사람은 자기 행동 역시 통제할 줄 모르더구나.

인생을 살다 보면 비난, 험담, 원망, 불평, 불만, 거짓말 등 제어되지 않은 말을 쉽게 만나게 된다. 나는 이런 말의 실수를 피하기 위한 좋은 방법으로 찬양만 한 것이 없다고 생각한다. 새벽에 일어나서 말씀을 읽고 찬양하는 일은 그런 의미에서 내 입술에 파수꾼을 세우는 중요한 나만의 의식이기도 하다.

"여호와여 내 입에 파수꾼을 세우시고 내 입술의 문을 지키소서 내 마음이 악한 일에 기울어 죄악을 행하는 자들과 함께 악을 행하지 말게 하시며 그들의 진수성찬을 먹지 말게 하소서"(시 141:3~4)

여호와께서 성을 지키지 아니하시면 파수꾼이 깨어 있어도 소용이 없는 것처럼 하나님이 내 입술을 지키는 파수꾼이 되어 주실 때 입술을 제어하고 말의 실수를 피할 수 있더구나.

말의 실수뿐 아니라 말을 너무 잘해도 문제가 될 때가 있다. 말은 그럴싸한데 행동이 그에 미치지 못하는 경우가 그것이다. 사실 요즘 세상에서는 화려한 말재주로 사람들의 인기와 마음을 얻는 이들의 모습을 자주 볼 수 있다. 하지만 행동과 마음이 따르지 않는 말의 화려함은 문제를 만날 때 모두에게 큰 실망을 주는 원인이 된다. 전국시대의 사상가였던 묵자(墨子)는 말에는 3가지 법도가 있다며 다음과 같은 말을 했다. "말에는 세 법도가 있으니 성인의 말과 행동에 어긋남이 없는지 생각한 후 말하고, 듣는 사람들이 어떻게 받아들일지 헤아린 후 말하며, 정치와 백성의 실상에 비추어 실천 전말을 세운 후 말하라." 말을 조심하고 삼가라는 말이다. 사실 말을 아낄수록 그 말이 빛을 발하게 될 일이 많다. 홍수에 먹을 물을 구하기 어려운 것처럼, 너무 많은 말이 세상을 가득 채우면서 말의 가치와 진실의 빛이 바래진 모습을 보는 경우가 많아지는구나. 이런 때일수록 남편다운 말, 부모다운 말, 리더다운 말, 신자다운 말을 함으로써 가정과 사회 속에서 파수꾼의 역할을 잘 감당하며 말의 아름다움을 보여주는 네가 되기를 바란다.

정리정돈하는 삶을 살아라

남이섬은 쓰레기 천지였다. 갓 취임한 신입 사장의 첫 업무는 청소였다.

다음 업무도 청소였고, 그다음 업무도 청소였다.

내가 남이섬에 들어오기 전 땅속 깊숙이 묻혀 있었던 쓰레기가 내 발목,

아니 남이섬을 붙들고 있었다. 그때 쓰레기를 얼마나 치웠는지 한번 따져봤다.

2002년 11월부터 2003년 6월까지 일반 쓰레기 1,675.7톤,

합해서 3,500톤이 넘는 쓰레기가 수거된 것으로 집계됐다.

쓰레기 치우는 데만 1억 6,400만원이 넘는 돈이 들어갔다.

강우현

사랑하는 아들아!

네가 사는 방과 처소를 깨끗이 청소해라. 나는 천성적으로 지저
분하고 더러운 것을 못 참는다. 집의 거실과 서재, 부엌도 깨끗해
야 마음과 심령도 깨끗해진다고 생각하고 있다. 지저분하고 정리

인생_영원한 것에 인생을 투자해라

되지 않은 환경은 자신에게 마음대로 살아도 된다는 무언의 메시지를 보내는 것과 같다.

사무실이나 집안이나 일하는 곳의 환경이 정돈되고 깨끗하다면 급하게 일을 끝내고 나서 바로 정리하기도 쉽다. 특히 책상 위를 깨끗하게 정리하는 일이 중요하다. 몸이 힘들어서 그날 치우지 못하더라도 다음날 정돈하기 어렵지 않다. 나와 가까운 사람들이 함께 머무는 공간을 잘 가꿀 때 그 장소는 의미있고 행복한 곳으로 변한다.

아이들도 이런 작은 변화를 경험할 수 있도록 실천 사항들을 하나씩 나누며 함께 실행해보렴. 아침에 일어나 자기 잠자리를 정리하도록 돕고 잘할 때마다 칭찬과 격려를 아끼지 말아라. 할 수 있다면 요일을 정해 설거지나 집안 청소를 함께 해도 좋겠구나. 해가 바뀌면 사용하지 않는 물건들이 늘어날 것이다. 그런 물건에 담긴 추억을 나누며 정리해봐도 좋겠다. 자신에게 중요한 물건을 고르는 훈련도 되고, 필요한 사람들에게 전해 주는 나눔도 실천할 수 있을 것이다.

정리를 해보니 처음에는 실천 가능한 단순한 것부터 시작하는 편이 좋더구나. 그렇게 눈에 보이는 것들을 정리하다 보면 보이지 않는 마음의 짐이나 감정적인 쓰레기들도 느껴질 것이다. 그런 것들을 감지하게 되면 부부가 함께 그와 관련된 이야기를 나누고 기도하면서 깨끗하게 치워버리도록 해라.

특히 눈에 보이지 않는 것들을 치우며 기록으로 남겨두면 자신을 돌아볼 때 큰 도움이 되더구나. 메모하는 습관을 통해 보이지 않는 것도 점점 능숙하게 치우는 훈련을 할 수 있게 될 것이다. 내 주변의 보이는 환경과 보이지 않는 짐들을 정리하는 일은 감정과 영혼을 돌보고 평안을 누릴 수 있게 해주는 유용한 삶의 기술이 된다. 물론 정리정돈을 한다는 것이 생각보다 쉽지만은 않을 것이다. 그래서 정리정돈하는 방법을 알려주는 유튜브 동영상 몇 개를 보는 것도 좋을 것이다.

내가 사는 주변 환경을 솔선수범해 깨끗하게 해라. 이것은 절대로 잔소리가 아니다. 너희가 늘 청소하는 모습을 보면서 아이들도 어려서부터 자신과 주변을 정리하는 습관을 자연스럽게 갖게 될 것이기 때문이다. 나 역시 어디로 이사를 하든지 주변 청소를 먼저 하게 되더구나.

파라과이에 와서 1년 4개월 동안 살던 작은 4층 아파트에서도 나는 정기적으로 1~4층 공용계단을 직접 다 청소를 했었다. 많은 사람이 사용하는 아파트 계단이지만 공동으로 사용하기 때문인지 오히려 아무도 청소를 하지 않았기에 더 열심히 했다. 나는 1주일에 한 번씩 청소를 했다. 하지만 계단 청소를 함께하려는 사람은 아무도 없었다. 그 덕분에 더 쉽게 입주자 이웃들의 얼굴을 익힐 수는 있었지만, 청소하려는 마음 하나 먹기 힘들어하는 사람들을 보면서 선교사로서 마음이 무거워졌던 일이 떠오르는구나. 너는 어디를 가든지 먼저 앞장서서 깨끗하게 하는 사람이 돼라.

하나님의 속성 가운데 빼놓을 수 없는 것 중의 하나가 깨끗함이다. 그래서 성경은 정결하게 하시는 하나님의 모습을 자주 보여주고 있다. 신약 성경에서는 성전을 정결하게 하시는 예수님의 모습을 발견할 수도 있다. 정결함을 유지하는 일은 결코 쉽지 않다. 하나님이 "내 마음에 맞는 사람"이라고 했던 다윗 역시 죄로 인해 절망에 빠져 정결케 되기를 간절히 구했다.

"하나님이여 주의 인자를 따라 내게 은혜를 베푸시며 주의 많은 긍휼을 따라 내 죄악을 지워 주소서 나의 죄악을 말갛게 씻으시며 나의 죄를 깨끗이 제하소서"(시 51:1~2)

"우슬초로 나를 정결하게 하소서 내가 정하리이다 나의 죄를 씻어 주소서 내가 눈보다 희리이다"(시 51:7)

정결함에 대한 추구는 하나님과의 대면으로 이어지고 하나님 안에서 자신의 실체를 발견하는 길로 연결된다. 그래서 정결함은 수고로 끝나지 않고 나에 대한 보상으로 열매를 맺는다. 너도 잘 알고 있는 팔복의 메시지를 보자.

"마음이 청결한 자는 복이 있나니 그들이 하나님을 볼 것임이요"
(마 5:8)

사람은 누구나 특별하고 개별적인 존재로 이 땅에 태어난다. 하나님께서 각자에게 부어주신 소명이 그것을 잘 보여준다. 이 소명

의 삶을 살기 위해서는 먼저 예수님을 내 인생의 주님으로 모셔야
한다. 그리고 내 죄를 고백하고 새로운 심령으로 변화되어야 한
다. 이 과정에서 역시 끊임없는 정결함에 대한 노력이 필요하다.
마치 어제 청소를 했어도 오늘 청소할 곳이 생기는 것과 같다.

　이 길을 잘 걸어가는 자에게 예수님은 "청결한 너희에게 복이
있으니 하나님을 볼 것이다"라고 격려하신다. 그러니 일상에서 내
삶의 자리를 정리정돈하는 일을 작게 생각하지 말아라. 정결함을
통해 매일 하나님의 얼굴을 보는 네가 되기를 기도한다.

인생_영원한 것에 인생을 투자해라

성경 묵상을 통해
인생의 파도를 넘어서라

우리가 성경을 읽으려고 할 때, 사단은 언제나 다른 일들로 주의를 흐트러뜨린다.

하다못해 정리되지 않은 창문의 블라인드라도 보여줄 것이다.

허드슨 테일러

사랑하는 아들아!

오늘 파라과이는 오랜 가뭄 끝에 단비가 몇 차례 내리면서 얼마나 상쾌해졌는지 모른다. 우리가 성경을 읽으려 할 때 사탄은 언제든지 다른 일들로 우리의 주의를 산만하게 만든다고 말한 허드슨 테일러의 영어 원문 번역이 내가 보기에 좀 매끄럽지 않은 듯하다. 정확한 영어의 원뜻을 한번 확인해 다오.

나도 지난 40여 년간 사탄이란 놈이 성경을 연구하고 묵상하며 기도의 자리로 나가는 일을 집요하게 방해하는 경험을 수없이 했다. 그런데 교회의 리더와 목사, 선교사가 이런 디테일한 영적인 실상에 대해서 자세히 언급해 주지 않으니 영적으로 둔감한 많은 성도들이 마귀의 노리개가 되고 마는 것이 오늘날 교회의 실상이다.

현대 기독교인의 피상적이며 경솔하고 얄팍한 신앙의 문제를 해결할 수 있는 방법에 대해 각자 의견들이 있을 줄 안다. 나는 무엇보다도 하나님의 말씀을 진지하고 신중하게 대하는 것이 가장 필요한 일이라고 생각한다. 성경 묵상이야말로 크리스천의 마음을 지키기 위한 가장 좋은 방법이다. 시편 1편 1~3절이 그 비밀을 잘 보여주고 있다.

"복 있는 사람은 악인들의 꾀를 따르지 아니하며 죄인들의 길에 서지 아니하며 오만한 자들의 자리에 앉지 아니하고 오직 여호와의 율법을 즐거워하여 그의 율법을 주야로 묵상하는도다 그는 시냇가에 심은 나무가 철을 따라 열매를 맺으며 그 잎사귀가 마르지 아니함 같으니 그가하는 모든 일이 다 형통하리로다"

시편 저자는 하나님의 말씀을 항상 가까이 할 때 건강하게 성장하고 열매를 맺으며 주님이 인정하는 복된 사람이 될 수 있다고 말한다.

교회사에서는 성경 묵상과 관련해서 경건주의자와 청교도들의

195

모범을 찾아볼 수 있다. 경건주의의 창시자로 알려진 필립 야콥 스페너(Philipp Jakob Spener)는 종교개혁의 뜨거운 열기가 식어 버리고 신학이 삶에 구체적인 대답을 하지 못하는 시기에 경건 모임을 통해 사람들에게 큰 도전을 줬다. 이 모임은 요즘으로 말하면 소그룹 성경공부 모임이었다. 그러나 성경 지식을 배우는 것이 아닌 삶의 변화가 주목적이었다. 성경공부 보다는 성경 묵상 모임이라고 할 수 있을 것이다. 철저하게 예수님의 제자로 사는 것을 목표로 했던 이 모임은 경건주의의 대표적인 모델이었다.

지금은 우리 주위에서 흔하게 볼 수 있는 말씀묵상, 소그룹 성경공부 모임이 교회 울타리 안에서 공식적으로 정착된 것이 바로 이때부터였다. 스페너는 자신의 책 '경건한 요청(Pia Desideria)'을 통해 기독교 신앙이 거듭남에 근거한 신앙의 실천에 있음을 강조하며 혼돈과 타락 속에 있던 당시 기독교에 방향을 제시했다. 그는 종교개혁의 흐름을 이어갈 수 있는 교회 개혁의 핵심으로 말씀을 받아들여 삶에서 실천할 것을 강조했으며 기도문을 의지해서 기도하는 것이 아니라 마음의 생각과 열정을 담아 기도해야 한다고 가르쳤다. 말씀과 마찬가지로 기도 역시 삶에 뿌리내려야 한다는 의미로 생각하면 좋을 것이다.

청교도들 역시 성경의 가르침을 연구하고 성경 묵상의 실천을 통해 큰 유익을 얻을 수 있음을 몸소 보여줬다. 그들은 시간을 지켜 성경을 읽고, 묵상하고, 기도할 것을 가르쳤다. 이 모범은 이후 많은 크리스천들에게 영향을 미쳤으며, 나 역시 그 영향 속에서 성경 묵상을 실천하고 있다.

성경 묵상을 하다 보면 깨닫기 어려운 말씀을 만날 때도 있고, 개인적인 상황 때문에 주의가 분산될 때도 있다. 그러나 너는 하나님 말씀 자체에 능력이 있어 우리를 움직인다는 것을 분명히 믿고 의심하지 말아라.(히 4:12) 사람의 형편을 뛰어넘어 역사하시는 하나님을 의지하며 말씀에 집중하기를 권한다.

묵상을 함께 나눠라. 나는 성경 묵상을 함께 나눌 때 다음과 같은 유익을 경험할 수 있었다. 다른 사람을 유익하게 할 수 있다. 지친 사람을 격려하고 영적인 생명력을 얻게 한다. 영적인 분별력을 얻으며, 기도의 동력을 제공한다. 성경의 진리를 개인의 삶 속에 구체적으로 적용할 수 있도록 도와준다. 부부가 함께 묵상을 나누는 본을 보이고, 그 자리에 자녀들도 함께 하면 좋겠구나.

하나님의 말씀이 풍성하게 거하는 믿음의 가정으로 든든하게 서 가는 모습이 참 보기 좋구나. 멈추지 말고 성경 묵상의 길을 꾸준히 걸어가길 응원한다.

인생_영원한 것에 인생을 투자해라

나만의 건강 온도를 유지해라

겨울 바이칼 호수에서 두꺼운 얼음을 뚫고 솟아오르는 물을 엎드려 마셨다.

얼음판 밑의 물은 그리 차갑지 않았다. 영하 10도 정도의 날씨인데, 참 이상하다.

호수가 최고의 신선함을 유지하는 비결은 온도 관리에 있다고 한다.

사시사철 자신의 체온을 영상 4도 정도로 유지하는데,

그 때문에 바깥이 추울수록 얼음이 두꺼워지는 것이다.

그래서 얼음 밑에서 수많은 생명체가 어느 철인지도 모른 채

행복하게 지낼 수 있는 것이겠지 싶다.

신영길

사랑하는 아들아!

매일매일의 삶이 쌓여서 만들어지는 것이 인생이기에 일상의
삶이 중요하다. 평상시의 삶 자체가 건강하고 행복해야 한다. 나

는 30대 초반에는 사우디아라비아에서 근무했고, 40대에는 7년간 영국에서 유학생활을 했으며, 50대에는 탄자니아에서 신학교 사역에 열중했다. 63세부터 2022년 6월까지는 남미 파라과이에서 선교 사역을 감당했다. 이렇게 4개 대륙에서 다양한 인생경험을 하며 살아왔다. 때로는 정반대되는 환경과 문화를 경험하면서 깨달은 사실이 있다. 바로 외부의 환경이 어떠하든지 나 자신의 항상성(恒常性)을 유지해야 한다는 점이다. 그러기 위해서는 한결 같은 건강한 생활습관이 중요하다. 자신만의 변함없는 건강온도를 유지해야 한다. 그 건강한 온도는 당연히 건강한 영성이라는 뿌리에서 비롯된다.

대문호이자 사상가였던 톨스토이(Leo Tolstoy)가 꾸준히 지켰던 10가지 생활습관이 그 좋은 예가 될 것이다.

1. 밤이나 낮이나 신선한 대기 속에서 살 것.
2. 날마다 방 밖에서 운동할 것.
3. 음식을 절제할 것.
4. 냉수욕을 할 것.
5. 넓고 가벼운 옷을 입을 것.
6. 청결에 힘쓸 것.
7. 규율에 맞춰 일할 것.
8. 밤에는 반드시 푹 잘 것.
9. 이웃에 착한 마음을 쓸 것.
10. 볕이 잘 드는 넓은 집에서 살 것.

톨스토이가 원했던 생활을 적어 놓은 것이지만 시사하는 바가 적지 않다. 삶의 무욕(無慾)과 부지런함, 타인에 대한 관용의 미덕을 강조하는 가운데 직접 땀흘리며 일하는 건강한 농촌생활을 꿈꾸는 내용들을 볼 수 있다. 그는 잘못된 전통과 주장을 살펴보고 예수님의 가르침 자체를 지키려고 애썼다. 국가, 교회, 소유 제도와 싸웠던 그의 모습을 다소 과격하다고 보는 의견들도 있더구나. 하지만 자신이 저술한 책의 저작권을 포기하고 농촌 공동체를 만드는 등의 실천적인 모습에서 그의 진실성을 엿볼 수 있다. 지금도 그가 존경받는 이유는 자신이 성경을 통해 믿는 대로 실천한 진실한 삶에 기인한다. 자신의 믿음을 일상에서 실천하려고 애쓴 모습을 이 시대의 크리스천들은 배워야 한다.

규칙적인 생활습관과 운동은 감정을 다스리고 생각을 정리할 수 있도록 도움을 준다. 또한 몸을 움직이는 등의 활동은 정신적인 스트레스를 줄이고 새로운 힘을 회복하는데 큰 보탬이 된다. 이에 더해 성취감과 운동으로 인한 즐거움 역시 빼놓을 수 없는 장점이다.

혼자 운동하게 된다면 너만의 루틴을 정하고 실천해보렴. 실천하기 쉬운 운동으로 3가지 정도를 정해서 실행해보기를 권한다. 가족과 함께 할 수 있다면 적당한 경쟁을 통해 동기를 부여할 수 있는 경기를 해도 좋겠다. 관련된 대회가 있다면 평소 연습 경기를 통해 대회를 준비하는 것도 좋은 도전과 격려가 될 것이다. 가능하면 아이들이 흥미를 가지는 분야와 가능한 시간에 맞춰 운동

방법을 찾아 보거라. 무엇보다 오랫동안 지속할 수 있도록 계획을 세워보기 바란다.

규칙적인 생활습관을 실천하는 동안 실천 리스트에 실행한 내용들을 기록하고 검토해보는 것도 좋은 방법이다. 가족이 함께 볼 수 있도록 냉장고에 붙여두고 격려와 분발을 할 수 있는 도구로도 쓸 수 있다. 계획한 대로 잘 실천하고 있다면 작은 선물을 마련해서 서로 축하하는 기쁜 시간을 가져도 좋을 것이다. 나도 그 성과를 기쁨으로 축하하기 원한다. 오늘은 여기까지 쓴다.

인생_영원한 것에 인생을 투자해라

고통을 통해 배워라

내가 이 세상에서 75년 인생을 살면서 배운 모든 것, 특히 나의 존재를 진정으로

고양시키고 계몽시켰던 모든 것은, 내가 힘들게 추구했던 행복이든 또는 거저 얻은

행복이든 행복을 통해서가 아니라 고통을 통해서 얻은 것이었다.

나는 이것을 백 번이라도 자신 있게 말할 수 있다.

맬컴 머거리지(Malcolm Muggeridge)

사랑하는 아들아!

나 역시 맬컴 머거리지의 고백에 전적으로 동의한다. 내가 얻은 지혜와 성장의 이유를 돌아보니 행복보다는 고통과 어려움을 통해서 얻은 것이 더 많더구나. 게으름과 잘못 때문에 겪는 고통에서 얻을 수 있는 것은 없다. 이왕이면 하나님의 나라, 이웃과 공동체를 위해 대가를 지불하는 섬김에서 오는 고통이어야 할 것이다.

그러므로 새털 같은 일상의 삶에서 너무 안일한 것, 쉬운 것, 편한 것, 멋있는 것만 추구하지 말아라. 안타깝게도 그것이 행복인 줄 알고 따라가는 자들이 대다수더구나. 성경의 표현을 빌리면 육신의 정욕, 안목의 정욕, 이생의 자랑(요일 2:16)을 따르는 길이라고 할 수 있다.

서양에서 제국을 이뤘던 로마 역시 이런 진리를 잘 알고 스스로를 경계할 줄 알았다. 수많은 정복 전쟁을 치뤘던 로마는 개선식으로 유명했다. 당시 전쟁에서 승리한 개선장군을 환영하는 개선 행진이 펼쳐질 때 노예 한 사람이 그의 머리에 씌워줄 승리의 관을 들고 서 있다가 시가행진을 보기 위해 구름같이 모여든 로마 시민들이 환호를 보낼 때 행렬 뒤에서 '메멘토 모리(Memento mori)'를 외쳤다. 이 노예는 개선장군에게 오늘은 최고의 날이지만 내일은 또 다른 날이 찾아 올 것이라는 것을 잊지 말고 겸손하라는 자극을 주는 임무를 지니고 있었던 것이다. 사실 노예를 통해 외치게 한 '메멘토 모리'는 개선장군 자신 뿐 아니라 전쟁에 승리한 병사들과 로마 전체에 들려준 외침이었다. 그렇게 자신을 돌아볼 줄 아는 겸허함이 로마라는 제국이 천년을 이어갈 수 있는 힘이 되었다. 당시 개선장군에게 주어진 승리의 관에는 이런 문구가 적혀있었다.

그대는 죽어야만 한다는 사실을 명심하라!(Memento mori!)
그대는 인간이라는 사실을 명심하라!(Memento te hominem esse!)

인생_영원한 것에 인생을 투자해라

뒤를 돌아보라, 지금은 여기 있지만 그대 역시 인간에 지나지 않는다는 사실을 기억하라!(Respice post te, hominem te esse memento!)

어려서 고생은 사서라도 해야 한다는 말은 정말 옳은 이야기다. 그러니 아이들을 키울 때도 너무 좋은 장난감이나 선호하는 것만 안겨주는 것이 다 유익한 일만은 아니다. 아이들과 함께 어려움을 경험할 수 있는 방법을 모색해 보아라. 그렇게 가족이 같이 할 수 있는 것 중의 하나가 약간 힘든 운동일 것이다. 그리고 지역공동체나 다른 사람을 사랑으로 섬기는 봉사활동이다.

나는 너희 두 가정 모두 아이들과 조깅을 함께 할 것을 가장 권하고 싶다. 그래서 하체를 튼튼히 하기 위해 잔디 구장을 뛰는 약간 힘든 고통도 즐기기를 추천한다. 언젠가 가족이 런던 마라톤 대회에서 다 함께 뛸 수 있는 날이 오기를 꿈꾸고 있다. 운동은 인내심을 연마하는 최고의 수단이 되며, 튼튼한 하체는 인생 최고의 자산이 될 것이다.

이렇게 가족이 어려서부터 함께 하는 운동은 큰 유익을 줄 것이다. 지금 다윗, 다니엘, 준수, 준오가 힘들게 말씀을 암송하는 일도 앞으로 엄청난 일생의 자산이 될 것이다. 그래도 아이들이 말씀을 힘들게 암송하는 모습을 보면 짠한 마음이 들기도 한다. 아이들은 아직도 자신의 마음의 고통과 아픔을 말로 다 표현하지 못하는 나이이니 좀 더 세심하게 대하기 바란다.

말하는 대로, 글 쓰는 대로
인생을 살아라

소설가들끼리 하는 농담이 있다. "쓴 것을 가져오라.
당신이 어떤 사람인지 이야기해 주겠다." 나는 말보다 글을 믿고
글보다 행동을 더 믿는다. 장황하게 말만 늘어놓는 자문회의를 싫어하며,
선언적인 주장보다 그 주장에 이르기까지 내밀한 고민이 담긴 글을 원한다.
자신이 쓴 글대로 행하고자 애쓰는 사람들과 벗하고 싶다.

김탁환

사랑하는 아들아!

오랜만에 네게 글을 쓴다. 얼마 전에 "교회가 세상을 걱정하는
게 아니라 세상이 교회를 걱정하는 지경에 이르렀으니 하나님 보
기에 어떨지 참 민망한 노릇이다"라는 따가운 글을 보고 가슴이
아팠다. 예수쟁이라는 말이 비꼬는 의미로 쓰일 때는 입만 살아

인생_영원한 것에 인생을 투자해라

있는 크리스천을 비웃는 경우가 많다. 청산유수처럼 쏟아내는 말을 당해낼 수는 없지만, 그 말의 면면을 살펴보면 진실보다는 연기와 같이 흩어질 뿐인 허황된 소리들의 잔치가 대부분이다. 말의 허물에 있어서는 목사나 선교사도 예외가 아니다. 입으로 수많은 말을 쏟아내더라도 별다른 내용도, 진정성도 느껴지지 않을 때가 많다.

그래서 너에게 권하는 것이 말하기보다 글을 쓰라는 것이다. 말은 한번 쏟아내고 나면 되돌리기 어렵지만 글은 원하는 대로 고칠 수 있다. 아무리 말에 마음을 담는다고 해도 진정성을 담은 소박한 글이 더 감동적으로 다가오는 이유도 여기에 있지 않을까 싶다.

이렇게 글을 다듬다 보면 나도 몰랐던 잘못된 버릇이나 습관들이 눈에 보이게 되니 일석이조라고도 할 수 있다. 나는 설교를 준비하면서 이런 경험을 많이 할 수 있었다. 그러다 보니 자연스럽게 말하기보다 글쓰기가 주는 유익을 하나하나 터득하게 되었던 것 같다.

글을 쓰면 정리가 된다. 말보다 글을 통해 내가 가진 생각을 더 정확하고 분명하게 전할 수 있다. 상대방을 대면하지 않을 경우 좀 더 감정과 상황으로부터 객관적인 상태에서 생각을 정리정돈할 수 있다는 장점도 있다. 글쓰는 시간은 어쩌면 누구의 방해도 받지 않고 오롯이 나 자신에게 집중할 수 있는 시간이기도 하다. 새벽에 일어나 말씀을 묵상하고 기도한 내용을 글로 적다 보면 내가 분명히 서야 할 정위치를 알게 되더구나. 이런 평범한 진리를 70년 인생을 살고야 깨닫는다. 뒤늦게라도 깨달은 것에 감사하는 요즘이다.

시인 윌리엄 카를로스 윌리엄스(William Carlos Williams)는 이렇게 말했다. "눈에 가득 담으세요. 귀에도 가득 담으세요. 그리고 담은 것을 한 방울도 놓치지 마세요."

나는 이 말이 글쓰기에만 해당하는 조언으로 들리지 않는다. 나에게는 맡겨진 일에 가지고 있는 전부를 쏟아부으라는 말로 들리는구나. 물론 그 결과는 하나님께 맡기고 말이다. 이런 과정이 차곡차곡 쌓여서 말과 글 사이의 간격을 좁혀 말이 곧 글이고, 글이 곧 말이 되는 수준까지 이르기를 나는 소원하고 있다. 그 간극을 좁히는 노력이 신앙의 성숙과 맞닿아 있다는 생각이 드는구나.

최근에 와서 나도 나 자신만의 목소리를 글쓰기에 담기 시작했다. 선교서신이나 서평, SNS상의 간단한 글쓰기에 나 자신만의 목소리를 표현할 때 얻을 수 있는 기쁨이 있구나. 그리고 수많은 독자들도 그러한 진솔한 나만의 표현에 감사의 글을 보내오고 있다. 너 역시 그렇게 자신만의 목소리를 내고, 자신의 글을 쓸 줄 아는 사람이 되었으면 좋겠다. 진실한 목소리와 글을 통해 자연스럽고 편안하게 자신을 드러낼 수 있게 되기를 바란다.

아들아, 며느리야! 너희들은 나처럼 뒤늦은 나이에 깨닫지 말고 지금부터라도 평소에 자주 글쓰기를 해보길 강력히 권한다. 사실 남들이 보기에 능숙한 글쟁이가 되어도 자신이 쓰는 글과 실제 삶에서 보이는 행동은 완전히 다른 자들이 많다. 이런 소용돌이 속에서도 똑바로 하나님의 변함없는 말씀에 너희 삶의 뿌리를 깊이 내리고, 영성 관리, 인격 관리를 잘하길 기도한다. 글은 곧 삶이다. 매일매일 쌓은 영성과 성숙한 인격에서 좋은 글이 나온다는 것을 잊지 말아라.

친절한 말과 행동으로
세상을 채워라

바로 말해요 망설이지 말아요

내일 아침이 아니에요 지금이에요

바로 말해요 시간이 없어요

사랑한다고 말해요

좋았다고 말해요

보고 싶었다고 말해요

해가 지려고 해요 꽃이 지려고 해요

바람이 불고 있어요 새가 울어요

지금이에요 눈치 보지 말아요

나태주, '바로 말해요' 중에서

인생_영원한 것에 인생을 투자해라

사랑하는 아들아!

바람이 불 때 바람이 분다고 말하자. 해가 떠오를 때 눈부시게 행복하다고 고백하자. 황혼 녘의 찬란한 아름다움 앞에 큰소리로 찬양하자. 말해야 할 그때 말하자. 서재에 있는 20여권의 시집 중에 나태주 시인의 책이 여러 권 있다. 나는 쉽고 간결하게 인생의 진리를 노래하는 그의 시를 읽을 때면 투명한 가을 햇살이 떠오른다. 나도 그와 같은 시를 쓰고 싶다. 서점에서 그의 시집이 보이면 무조건 구입해라. 몇 편의 시만 읽어도 마음이 시원해질 것이다.

친절을 찾아보기 힘든 세상이다. 예의를 갖춘 대화나 토론, 감사보다 무시와 조롱, 소리 높인 고함 소리를 듣는 일이 흔해졌다. 하지만 이는 옳은 것도, 즐거운 일도 아니다. 사실 만연한 무례함이나 불친절은 그날의 컨디션이나 일, 인간관계에 심각한 영향을 끼친다. 어떤 이들은 친절한 말이나 행동을 접하면 비웃고 나약한 사람으로 취급을 하기도 한다. 하지만 친절은 크나큰 장점이자 관계와 사회를 변화시키는 아름다운 힘이다. 이런 친절한 사회를 만드는 것은 신경만 쓴다면 모두가 할 수 있는 일이기도 하다. 탁월한 말솜씨가 필요한 것도 아니다. 관심을 기울이다가 필요한 순간에 친절한 말이나 행동을 건네면 된다.

어떻게 보면 간단해 보이지만 그렇다고 쉽기만 한 일도 아니다. 많은 사람이 주변 환경이나 자기 마음의 소리에 주의를 기울이기보다는 세상의 유행과 풍조를 따라 습관적으로 말하고 행동하기 때문이다.

공감, 친절, 배려, 공손한 말과 태도를 찾기 원한다면 바로 네가 먼저 실천하면 된다. 그럴 때 네 주변 사람들 역시 서로의 장점을 찾아 칭찬하고, 남에게 대접을 받고자 하는 대로 남을 대접하는 황금률(마 7:12)을 따라 대하게 될 것이다. 진정한 소통을 바란다면 친절을 삶에서 실천해보렴.

"그러므로 무엇이든지 남에게 대접을 받고자 하는 대로 너희도 남을 대접하라 이것이 율법이요 선지자니라"(마 7:12)

친절의 반대말은 불친절이 아니라 무관심이라는 말이 있다. 나 역시 이 말에 동의한다. 그러니 너의 안테나를 항상 사랑하는 사람들과 주변을 향해 세워두렴. 그래서 고맙다고 말해야 할 때, 사랑한다고 말해야 할 때, 좋았다고 말해야 할 때 망설임 없이 말하고 행동하기 바란다. 그 과정에서 오해나 상처를 받을 수도 있지만 두려워하지 말아라.

친절을 베풀지 않는다고 해도 아무도 알아차리지 못할지 모른다. 하지만 친절을 베풀면 삶이 바뀔 수 있는 기회는 더욱 많아진다. 그렇게 세상이 경쟁과 배제가 아니라 친절과 아름다움으로 채워질 때 아이들 역시 행복을 배우고 실천하는 어른으로 자라게 될 것이다. 그 출발이 관심에서 시작되는 따뜻한 말 한마디에서 시작된다는 것을 잊지 말아라.

편협한 시각에서 벗어나라

세계에서 무슨 일이 벌어지는지 모르고, 세계의 복잡한 사안들을 분석하는 능력을

기르지 못한다면 더 나은 세계를 위한 실천은 불가능합니다.

마르쿠스 베른센(Markus Bernsen)

사랑하는 아들아!

너희들은 이미 각 분야의 리더다. 리더는 편협한 사고를 가진 사람이 되면 절대로 안 된다. 목사와 선교사로서 살아오면서 동료 목회자, 선교 현장의 선교사들에게 실망하게 되는 경우가 있다. 바로 세계를 보는 시각과 미래에 대한 비전 측면에서 아쉬운 모습을 보여줄 때다. 예전보다 많이 나아지기는 했지만 아직도 일부 목회자와 선교사들 가운데서는 독서를 거의 하지 않고, 세상을 보는 눈이 닫혀 있는 자들이 적지 않다. 이런 것은 설교를 들어보면

단번에 알 수 있다.

　목사님이나 선교사님의 집을 방문해 책장에 있는 책들을 대강 일별해서 보면 여러 가지를 느낄 수 있다. 사실 책이 꽂혀있는 책장에는 주인의 인격과 정신이 배어 있다. 장소의 크고 작음, 장서의 양을 말하는 것이 아님을 너도 알 것이다. 그 공간을 접하고선 안타깝게도 '공부를 계속하고 있지 않구나' 하는 인상을 받는 경우가 있다. 옛날에 학교에서 배운 그 자리에서 한 발자국도 더 나가지 못하고 멈춰 있는 사람들을 목도할 때 답답함을 느끼게 된다.

　책은 생각이 사는 집이다. 때로는 그 집으로 들어가 헤맬 수도 있지만 그 과정마저 헛되지 않다. 생활 속에서 소중한 깨달음을 얻을 수 있는 것처럼 독서를 통해서도 자신을 변화시키는 놀라운 체험을 할 수 있다. 그래서 혹자는 '거룩한 독서(렉시오 디비나, Lectio divina)'라는 표현을 사용하면서 독서의 영적 의미를 강조하기도 한다.

　책 속에 등장하는 다양한 주인공들과의 대화는 우리의 성장을 돕는 새로운 자극이 된다. 이에 대해 프란츠 카프카(Franz Kafka)는 더 강한 어조로 말한다.

"우리는 우리에게 상처를 주고 우리를 찌르는 그런 종류의 책만을 읽어야 한다고 난 생각한다. 만일 우리가 읽고 있는 책이 머리를 치는 일격으로 우리를 깨우지 않는다면, 우리가 그 책을 뭣 때문에 읽지? 우리는 우리에게 재앙과도 같은 영향을 주는, 우리가 우리 자신보다 더 사랑하는 어떤 사람의 죽음처럼, 모든 이들로부터 멀리 숲속으로 추방당한

　인생_영원한 것에 인생을 투자해라

것처럼, 자살처럼, 우리를 비탄에 젖게 하는 그러한 책들을 필요로 한다. 책이란 우리 내부의 얼어붙은 바다를 깨기 위한 도끼가 되어야만 한다. 그것이 나의 믿음이다."

독일인과 유대인 양측에게 배척받고, 발표되었던 일부 작품조차 사람들에게 이해받지 못했던 카프카의 가슴에 뜨겁게 타오르는 갈망이 느껴지는 글이었다.

하루에 시간을 정해두고 여러 분야의 양서를 읽어라. 너의 생각을 풍요롭게 해줄 것이다. 아무도 너를 이해하지 못한다고 느껴질 때는 너의 강력한 지지자와 친구가 되어 줄 것이다. 사실 책 속에 등장하는 사람들을 한 페이지 한 페이지 넘기며 따라가다보면 그들 역시 너와 같이 사소한 일에 웃고 우는 사람임을 알게 될 것이다. 그럼에도 약점을 따라 수동적으로 흘러가는 것이 아니라 소명과 아름다움을 붙잡으려고 애쓰며 능동적으로 삶을 살아갔기에 과정과 결과가 아름다운 것이다. 독서를 통해 위안을 얻을 수도 있지만 프란츠 카프카의 외침처럼 네 마음속 얼어붙은 바다를 깨부수는 도전적인 책 읽기 역시 갈망하기를 바란다.

독서를 하다 보면 크게 상관없는 듯 보였던 내용들이 연한 점선으로 이어지고, 나중에는 눈에 보이는 뚜렷한 선으로 서로 연관되어져 하나의 주제로 엮어지는 일을 경험할 수 있다. 그래서 평소에 네가 관심을 갖고 공부하길 원하는 주제의 책이나 저자에게 관심의 안테나를 세워두고 차곡차곡 모아두렴. 이 책과 저 책이 서로 연결되어 하나의 주제로 엮여 네가 찾으려고 했던 주제로 구체적인 모습을 드러내는 경험을 하게 될 것이다.

요즘은 세계적으로 독서 안 하기로 작정한 시대임이 분명하다. 어린이나 젊은이, 노인 모두 스마트폰을 들고 SNS와 유튜브에 열광한다. 지난해 가을 한국 방문 때 서울의 1호선 전철 안에 앉아 있는 12명 젊은이들이 모두 똑같이 스마트폰에 열중하는 모습이 너무나 신기해 나도 스마트폰을 꺼내 그 장면을 찍어 두었다. 이러한 시대일수록 너희는 시대의 풍조를 거스러서 어디엘 가든지 책을 들고 다니는 독서하는 가족이 되기를 바란다.

이미 삶의 현장에서 전문가로서의 삶을 살고 있는 네가 또 하나의 소중한 조력자로 독서라는 도구를 잘 활용하기를 바란다. 삶의 자리와 성경, 그리고 책 속에서 하나님의 섭리와 삶의 진리를 발견해가는 너를 응원한다.

인생_영원한 것에 인생을 투자해라

삶을 즐기는 사람이 되라

수천 년 전 유대 광야를 걷던 이스라엘 사람들에게 뜨거운 더위와 메마름, 거친 자갈길은 매일의 일상이었습니다. 그들은 불평하고 하나님을 떠나 애굽으로 돌아가려 했지만 만나는 매일 아침 내렸고, 구름기둥은 더위를 막아줬으며 불기둥은 추운 사막 날씨에 따스한 이불이 돼 주었습니다.

코로나19의 시간이 언제 끝날지 모르는 답답함 속에서 오늘 우리는 다시금 생각해야 합니다. 이때가 아니면 볼 수 없는 하늘 풍경이 있다는 것을요. 내가 생각한 것보다 하나님의 은혜는 가까이 있다는 분명한 현실을 말입니다.

전담양

사랑하는 아들아!

4년 전 한국 방문 중에 서울극동방송국에서 한기봉 사장님(장로)과 커피를 마시며 담소한 후 로비에서 헤어질 때였다. 마침 맞은편에서 걸어오던 전담양 목사님을 보면서 "배 선교사님, 두 분이 서로 인사하세요. 아주 귀한 목사님이십니다. 이쪽은 파라과이 배안호 선교사님입니다. 교제하시면 좋을 것입니다" 하고 한 사장님으로부터 전 목사님을 소개받았던 기억이 난다. 지금도 그분의 환한 모습이 눈에 선하다. 이후 국민일보에서 전 목사님의 글을 읽을 때마다 신앙과 인생에 대한 새로운 통찰을 배우곤 한다.

우리는 비전이나 목적을 달성하기 위해 쉬지 않고 달려가는 삶에 익숙해져 있다. 나도 20~30대 시절에는 매일매일 너무나 바쁘게 팽팽 돌아가느라 하늘 한번 제대로 쳐다본 적이 없었다. 만 30살에 늦게 결혼하고도 가정보다는 직장과 회사 신우회를 열심히 섬겼고, 사우디아라비아에서 근무할 때는 건설 현장 내의 기능공 숙소에서 직원과 기능공 대상으로 하는 극동교회의 담임 목회자로 매주 금요 예배와 월요 성경공부를 인도하느라 1주일이 번개같이 흘러가는 바쁜 생활을 했다. 그렇게 너무 무리한 결과 급성간염에 걸려서 2주간 외국인 전용병원에 입원하는 소동이 일어나기도 했다. 30대 중반에는 홍수 때 물 불어나듯 잘 나가던 직장에 사표를 내고, 아버지와의 사이에 엄청난 갈등을 겪고 총신신대원에 입학하면서 다시 무척 바쁜 생활이 계속되었다. 그런 쫓기듯 바쁜 생활이 1994년 영국유학생활 때까지 이어졌다.

나뿐 아니라 대부분의 사람들이 자기 생활에 깊이 얽매여 여유 있게 하늘의 구름과 별을 쳐다보거나 자연의 황홀한 아름다움을

인생_영원한 것에 인생을 투자해라

제대로 느끼지 못하고 허둥대면서 살아가고 있다. 이런 현대인들에게 가장 결여된 것이 무엇일까? 그것은 제대로 쉬는 일이다. 일을 잘하는 것만큼 잘 쉬는 것이 중요하다. 내 경우에는 쉬는 일에도 연습이 필요했다. 조용한 장소를 찾아 산책을 하거나 자연을 그저 바라보며 분주한 마음과 생각을 정리하고 안식하는 시간을 가져보기도 했다. 이렇게 안식을 누리는 순간은 낭비가 아니라 새로운 힘을 얻는 중요한 기회더구나. 안식이란 말에는 비움, 내려놓음이라는 의미가 담겨있음을 깨닫게 되었다.

이 시대를 사는 사람들은 한가한 소리를 한다고 비판할 수도 있다. 하지만 내 안에 여러 가지 생각들이 너무 많으면 하나님과 사랑하는 사람들이 있을 자리가 없다. 분주함 속에서 본질은 사라지고, 속성상 어려운 일보다 쉬운 일을 하게 된다. 그렇게 속도를 좇다보면 목적지를 잃어버리기 쉽다. 세상은 바쁘고 분주하게 살라고 요청하지만, 우리는 정기적으로 멈춰서 마음과 생각을 비우고 하나님을 응시해야 한다. 하루 중에 정기적으로 시간을 내도 좋다. 물론 일주일 중에 하루를 정기적으로 떼어 놓으면 가장 좋다.
너희들도 이제부터 육아와 직장, 교회 일로 많이 바쁘더라도 자주 하늘을 쳐다보고 구름의 모양을 살펴보며 찬양하는 시간을 가져보아라. 시시각각 변화무쌍한 산천초목을 통해 하나님의 창조 솜씨를 보아라. 계절을 누리는 자가 그 계절의 주인공이다. 진리 안에서 자유를 누리는 진정한 자유자가 되어라.

영원한 것에 인생을 투자해라

책을 집필하기 위해 전 세계 1% 백만장자들을 2년간 찾아다니며 1억2천만원을 사용한 사람이 있습니다. '더 리치'라는 책을 쓴 키스 캐머런 스미스라는 사람입니다. 그는 시급 6000원을 받던 평범한 월급쟁이였지만, 서른셋의 나이에 백만장자가 됐고 다른 부자들의 성공 비결을 배우고 싶었다고 합니다. 그래서 2년이란 시간과 1억2000만원이란 돈을 아낌없이 투자해 '더 리치'를 쓸 수 있었다고 합니다. 사람들은 자신의 꿈을 이루기 위해 많은 것을 희생하고 투자합니다. 우리도 하나님께서 각자에게 주신 꿈, 즉 직분과 사명을 감당하기 위해 자신의 시간과 재능과 물질을 아낌없이 투자해야 합니다. 방주를 만들기 위해 120년을 투자한 노아에게 온 가족 구원과 새 인류의 조상이라는 큰 선물을 주셨던 것처럼, 하나님께서는 하나님 나라에 투자하는 자에게 큰 선물을 주실 것입니다.

차진호

"이 세상도, 그 정욕도 지나가되 오직 하나님의 뜻을 행하는 자는 영원히 거하느니라"(요일 2:17)

사랑하는 아들아! 나는 이 말씀을 참으로 좋아한다. 말씀을 묵상할 때마다 영원과 잇대어 살아야 한다는 사도 요한의 호소가 마음을 울리는 것 같구나.

이 세상은 복잡한 것 같지만 인생들이 추구하는 것은 크게 3가지로 나눠볼 수 있다. 육신의 정욕, 안목의 정욕, 이생의 자랑이다. 대개 10대부터 40대까지는 육신의 정욕, 안목의 정욕을 따라 살아가는 사람이 대다수다. 보통 사람들은 태어나서 죽을 때까지 그야말로 이 세상의 자랑에 목매며 살아간다. 그러나 그 흐름 속에서 한 발만 떨어져서 가만히 지켜보면 이런 것은 다 지나가는 것임을 알고 소스라치게 놀라게 된다. 이런 깨달음을 담은 책들을 교회 안에서뿐 아니라 밖에서도 접할 수 있다.

성경은 인간의 이런 어리석은 모습을 날카롭게 꼬집어 이렇게 말한다.

"내 백성이 두 가지 악을 행하였나니 곧 그들이 생수의 근원되는 나를 버린 것과 스스로 웅덩이를 판 것인데 그것은 그 물을 가두지 못할 터진 웅덩이들이니라"(렘 2:13)

자신들은 인생의 성공을 위해 열심히 투자하며 살아왔다고 자랑스럽게 말하지만 실은 밑이 터진 웅덩이에 물이 차기를 바라는 어리석은 행동만 했을 뿐이다. 세상은 사람들이 진짜 보물인 예수 그리스도를 떠나 진짜처럼 보이는 가짜에 온통 마음을 빼앗긴 채 살도록 부추긴다. 너무 슬픈 사실은 그렇게 하나님 안에 있는 아름다움을 경험하지도, 뜨거운 사랑을 불태워보지도 못하고 수많은 인생들이 안개나 이슬처럼 그냥 사그라지고 만다는 것이다.

지금 이 시대 크리스천의 모습이 초라하다면 그것은 잠시 있다 사라질 것에 취해있기 때문이다. 어느 것에 속박되어 있든 예수 그리스도 이외의 것에 중독되어 있다면 근본적인 치료가 필요하다. 뿌리에서부터 다시 새롭게 되어야 한다.

정말 중요한 것은 본질을 붙드는 것이다. 그런 자가 지혜로운 사람이며 현명한 인생이다. 그렇게 하나님의 말씀에 붙들려서, 하나님의 말씀이란 잣대에 인생을 걸어야 한다. 하지만 안타깝게도 대다수의 그리스도인들은 말씀을 읽고 듣고 공부하지만 교회 밖으로 나가서는 다시 세상이 요구하는 방식에 맞춰 살아가는구나.

이것을 나는 '하향평준화의 삶'이라고 부르고 싶다. 대다수의 사람들은 그렇게 사는 것이 지혜로운 처세술이라고 믿는다. 또한 그러한 사람들이 세상에서 상당한 인정을 받고 부귀영화를 누리기도 한다. 그러나 이런 삶에는 엄청난 부작용이 따른다는 것을 분명히 알아야 한다. 단순한 부작용이 따르는 정도가 아니라 필경은 미지근한 인생을 살다가 간신히 부끄러운 구원받는 인생이 되고 만다.

이왕에 예수님을 믿고 말씀대로 살기로 했으면 말씀에 인생을 모두 걸어야 한다. 감사하게도 지난 50년간의 나의 신앙생활은 하나님 말씀대로 살려고 우직하게 힘쓴 시간이었다. 그래서 주위에서 이런저런 핍박과 놀림도 많이 받았다. 내가 신학교에 입학하기 전까지는 아버지로부터 세상 물정도 모른다고 업신여김과 노골적인 핍박을 받기도 했다.

그럼에도 예수를 만난 이후 청년, 집사, 주일학교 교사 시절에도 한결같이 믿는대로, 말씀대로 살았다. 전도사, 강도사, 목사, 선교사로 살면서 말씀 중심의 삶을 우직하게 걸어가려고 애쓰고 노력하고 있다. 남들이 인정하든 하지 않든 상관없이 말이다. 그래서 죠이선교회에서 만난 이후 50년을 가장 가까이에서 나를 지켜본 친구 정규채 선교사(이스라엘에서 박사과정 공부)는 언제부터인가 '배안호는 원칙의 사람'이라고 부른다. 이같은 나의 일관된 삶 때문에 네 엄마와 너희가 고생도 했을 것이다. 그럼에도 하나님께서 때를 따라 우리 가정에 넘치는 축복을 주셨기에 포기하지 않고 걸어올 수 있었단다. 네 엄마와 너희들 덕분이다. 고맙다. 영원히 남을 것에 시간을, 인생을 투자해라! 그렇게 자녀를 키우기 바란다.

습관적인 반응을 멈춰라

인생의 10%는 당신에게 일어나는 일이고

90%는 당신이 그것에 어떻게 반응하는가에 달려있습니다.

찰스 스윈돌(Charles R. Swindoll)

사랑하는 아들아!

우리 주위의 수많은 사람은 주어진 환경의 변화나 도전에 생각 없이 자동적으로 반응할 때가 많다. 먼저 욕부터 하는 사람, 부정적인 생각을 품고 바로 화낼 준비를 하는 사람, 자신도 모르게 인상부터 찡그리는 사람 등 표현은 다양하지만 부정적인 영향력이 긍정적 영향력에 비해 압도적으로 강력한 힘을 발휘한다. 때로 겉으로는 변화나 도전을 수용하는 듯하지만 마음속으로는 평정심을 잃고 온갖 잔머리를 굴리기도 한다.

인생_영원한 것에 인생을 투자해라

이렇게 화를 내거나 불안한 마음이 요동칠 때 어떤 일이 일어날까? 습관적으로 남에게 상처를 입히거나 남을 비난하고 자기 자존감을 무너뜨릴 때 자기 괴로움만 더해질 뿐이다. 사실 앞에서 언급한 내용은 철이 들고 지금까지 살아오면서 내 안에서 일어났던 수많은 실패와 좌절, 분노의 경험을 통해서 터득한 것이기도 하다.

사람의 됨됨이는 평상시보다 위기상황이나 급변하는 변화와 도전에 직면할 때 확연히 드러나게 되어 있다. 스트레스를 받을 때 주변 사람을 향해 보이는 나의 반응을 살펴보면 고개를 들 수 없을 때가 많다.

그래서 도산 안창호 선생은 언제 어떤 경우에도 평정심을 잃지 않아야 한다고 했다. 철석과 같은 의지를 가진 사람이자 동시에 부드러운 인정의 소유자로 알려진 그의 분노하는 얼굴을 본 사람이 없다고 알려져 있다. 이것은 평소에 그의 인격수양의 내공이 깊었기 때문이다. 안창호가 평소에 강조하던 정의돈수(情誼敦修)에서 그 의미를 더 자세히 살펴볼 수 있다. 한마디로 정의돈수는 사랑하기 공부라고 할 수 있다. 사람과 어울려 사는 한, 가장 어렵고도 중요한 것이 바로 사랑이 아닐까 싶다.

어떻게 하면 사람과 주변 환경에 자동 반응하지 않고 제대로 대응하는 법을 배울 수 있을까? 이와 관련해서 너도 생각나는 성경 말씀이 있을 것이다. 성경은 사람과의 관계에 대해 이렇게 말하고 있다.

"나는 너희에게 이르노니 너희 원수를 사랑하며 너희를 박해하는 자를 위하여 기도하라"(마 5:44)

예수님께서 말씀하신 것처럼 원수를 사랑하는 삶을 자연스럽게 실천하는 단계까지 가지는 못하더라도 인간관계의 황금률을 지키기 위해 애써야 한다.

"그러므로 무엇이든지 남에게 대접을 받고자 하는 대로 너희도 남을 대접하라 이것이 율법이요 선지자니라"(마 7:12)

내가 싫은 일을 남에게 요구하지 않는 소극적인 태도가 아니라, 내가 좋아하는 일을 적극적으로 남에게 베푸는 주도적이고 적극적인 삶의 태도를 황금률에서 볼 수 있다.

내가 원하는 것을 알기 위해서는 내 마음과 생각을 차분히 돌아봐야 한다. 그럴 때 내가 진정 원하는 것이 무엇인지 알 수 있다. 외부의 자극에 자동적으로 반응하지 말기를 바란다. 자극을 받았을 때 남을 판단하거나 자동적으로 반응하기를 잠깐 멈추고, 지금 나타나고 있는 자기감정이나 행동을 생각하고 찬찬히 관찰해보는 연습을 해보렴.

인생을 살아보니 내 안에 찬양이 넘쳐흐르고 성령 하나님께서 주시는 평강이 강같이 흐를 때 어떤 여건 속에서도 빙그레 웃으며 여유롭게 반응할 수 있더구나. 어떤 사람은 요즘처럼 마스크를 쓰면 된다고 생각하기도 한다. 소위 말하는 표정 관리를 하면 된다는 것이다. 나는 그럴 필요가 없는 사람이 되어야 한다고 믿는다. 내 안에 말씀이 충만하고, 하나님의 사랑이 충만하면 표정 관리를 할 필요도 없고 언제나 존재 자체가 넉넉한 사람이 된다는 것을 알고 있기 때문이다. 너는 이런 사람이 되어야 한다.

사도 바울의 외적인 삶을 살펴보면 고난과 역경의 연속이었다. 그럼에도 불구하고 그는 그 모든 환경과 인간관계 속에서 평안을 유지할 수 있는 삶의 비결을 발견했고 자신뿐 아니라 주변에까지 긍정적인 영향을 미쳤다.

"내가 궁핍하므로 말하는 것이 아니니라 어떠한 형편에든지 나는 자족하기를 배웠노니 나는 비천에 처할 줄도 알고 풍부에 처할 줄도 알아 모든 일 곧 배부름과 배고픔과 풍부와 궁핍에도 처할 줄 아는 일체의 비결을 배웠노라"(빌 4:11~12)

나 역시 어떤 형편에서도 자족하기를 배우고 넉넉한 마음으로 충만할 수 있기를 기도하고 있다. 사실 말하기는 쉽지만 실제로 이렇게 사는 것은 결코 쉽지 않은 일이다. 이런 삶의 태도가 평생의 습관이 될 때까지 계속 공부하는 마음으로 함께 연습하고 격려하며 살아가도록 하자.

자녀 교육, 나는 이렇게 했다

고운 것도 거짓되고 아름다운 것도 헛되나

오직 여호와를 경외하는 여자는 칭찬을 받을 것이라

잠언 31장 30절

사랑하는 아들아!

오늘은 내가 오래전부터 갖고 있던 '나의 자녀 교육관'에 대해 처음으로 언급하려고 한다. 이 세상의 모든 부모는 자기 자녀의 교육에 지대한 관심을 갖고 있다. 특히 한국인 부모들은 여기에 모든 것을 걸고 사는 것처럼 보인다. 지금도 한국에는 맹모삼천지교(孟母三遷之敎)의 '맹자 어머니'가 얼마나 많은지 모른다. 이 맹모삼천지교에 대해서는 너희가 잘 알고 있기에 여기서 더 이상 언급하지 않으려고 한다. 이로 인한 폐해가 얼마나 심각한지 모

인생_영원한 것에 인생을 투자해라

르겠다.

20살에 예수님을 영접한 후에 가장 먼저 생각한 것이 앞으로 결혼하면 '어떤 가정을 만들 것이며 자녀 교육은 어떻게 할 것인지' 였다. 나는 일찍이 중고등학교 시절부터 교육의 중요성을 깨닫고 있었다. 크리스천이 된 이후로는, 어떻게 하면 기독교적 세계관의 바탕 위에 건강한 그리스도인 가정을 세우며 자녀를 교육할 수 있을지 계속 공부했다.

자녀 교육의 핵심은 무엇보다도 부모가 먼저 좋은 모델이 되는 것이다. 이같은 확고한 자녀 교육관과 철학이 있었기에 당시 한국 사회에 만연한 야단스러운 과외 열풍에 휘둘리는 것을 온몸으로 거부할 수 있었다. 세상풍조에 따르지 않겠다는 결단이 워낙 확고부동했기 때문이다. 나는 두 아들을 교육하는 데 있어서 다음과 같은 3가지 원칙을 세웠고 그대로 실천했다.

첫째는 어려서부터 삶으로 직접 경험하는 교육을 하는 것이다.

새벽을 사랑하는 아들들이 되기를 소원하면서 초등학교 4학년 때부터 서울 상도동 동아일보 지국에 데려가 새벽에 신문배달을 시켰다. 그때가 동아일보가 석간에서 조간으로 바뀐 첫해였다. 당시 상도동 동아일보 지국장은 "초등학교 4학년은 너무 어려 절대로 안 된다"면서 중학교 2학년인 자기 아들에게 신문배달을 시켰는데도 힘들어해 그만두게 했다며 고개를 저었다. 그러나 나는 그때 확실하게 말했다. "우리 쌍둥이 아들들은 다를 것입니다. 일단 한번 시켜보세요. 혹시 우리 아들들이 제대로 하지 못하면 내가 대신 조간신문을 돌릴 것입니다." 결국 두 아들은 어린 나이부터 새벽을 깨우는 강한 훈련을 했다. 아들들에게 아픈 에피소드가 됐을지 멋진 추억으로 남았을지 궁금하다.

둘째는 한글과 영어 성경암송을 통해 말씀을 체험하는 훈련을 하는 것이다.

아들들이 초등학교 5학년 2학기였던 1994년, 나의 유학을 위해 온 가족이 영국으로 건너갔을 때였다. 아들들은 비행기를 타고 가면서 영어 알파벳 필기체 대문자와 소문자를 연습했다. 당시 영국 낸트위치(Nantwich)의 중학교 교장선생님은 특별히 선생님 두 분에게 아이들의 영어를 가르치게 했다.

그러나 영어 선생님들은 한국어를 전혀 모르고, 아들들은 영어를 한마디도 알아듣지 못하는 상태여서 교육이 제대로 이루어질 수가 없었다. 그때 아이들은 학교생활은 재미있었지만 커뮤니케이션이 잘되지 않아 거의 매일 한국으로 보내달라고 나에게 애원을 했다. 한국에 가서 신문배달을 하며 둘이서 살겠다는 약속 아닌 약속까지 하면서 말이다.

그해 성탄절이 가까운 때에 2주간의 겨울방학이 시작되자마자 나는 직접 영어교재를 구해서 하루에 8시간씩 방학 내내 아들들과 '특별 영어 과외' 강행군을 해나갔다. 대학노트에다 스스로 배운 내용을 정리하게 하면서 집중해서 영어 문법을 가르쳤다. 방학이 끝난 후 아들들은 비로소 영어에 대한 감을 깨우치게 되었다. 두 분의 영어 선생님들이 2주 만에 완전히 영어 공부에 눈을 뜨게 된 아이들의 변화에 놀라워하며 기뻐 감격하던 모습이 아직도 생생하게 기억난다.

그때 나는 새벽기도 중에 깨달은 대로 아들들에게 산상수훈을 한글과 영어로 암송할 것을 제안하며 만약 암송하면 레고를 사 주겠다고 약속했다. 당시 아이들은 등하교길에 영국의 마트인 세이프웨이(SafeWay) 진열장에 전시되어 있던 당시 최신 자동차 모델인 '레고 8880 슈퍼카'를 간절히 갖고 싶어 했다. 그래서 아들들은 산상수훈 암송에 올인했다. 당시 그 레고 가격은 유학생에겐 상당히 부담되는 75파운드였다. 그때의 레고는 지금까지도 가족의 보물로 보관하고 있다. 아무튼 아들들은 그 레고 자동차를 갖고 싶어서 한글과 영어로 산상수훈(마 5~7장)을 한 달 만에 다 암송했다. 아들들의 영어 실력은 급상승했고 이를 계기로 매사에 자신감을 갖게 되었다.

셋째는 먼저 하나님의 나라와 그의 의를 구하며 예배와 기도생활에 최우선을 두는 것이다

내가 스코틀랜드 애버딘대학교에서 석사(M.th)와 박사(Ph.D) 과정을 공부할 때 우리 가족은 매년 여름에 런던과 웨일즈에서 개최되던 재영총신동문수련회에 연례행사로 참석했다. 동문가족수련회에서 은혜를 받고 다시 스코틀랜드로 올라올 때는 꼭 옥스퍼드와 케임브리지 대학을 방문, 텅 빈 채플 교회당에 들어가 헌금하고 기도하는 시간을 가졌다. 그리고 그 대학 티셔츠를 1개씩 구입해 입혔다. 이것이 수년간 반복되자 아들들은 여러 벌의 옥스퍼드와 케임브리지 티셔츠를 입으면서 자연스럽게 이들 대학 입학에 대한 꿈을 꾸게 되었고 그 꿈을 성취했다.

이미 애버딘에서 우리 4가족은 새벽기도 운동에 앞장서며 하나님의 말씀에 대한 확신과 예배의 소중함을 경험하고 있었다. 솔직히 나는 두 아들들을 처음부터 케임브리지대학교에 보내려고 의도적으로 목표를 세운 적이 없었다. 오히려 그 당시 개교한지 얼마 안 되는 한국 포항의 한동대학교에 입학시키기 위해 기도하며 여러 방법을 모색했었다.

여기서 나의 자녀 교육 철학에 대해 다시 한 번 언급해야 할 것 같다. 나는 당시 애버딘대학교 석사과정을 마치고 박사과정에 들어가야 할 것인지 아니면 곧바로 한국에 들어가서 개척교회를 시작할지를 놓고서 고민 중이었다. 그래서 '한국교회 선교 이대로 좋은가?'라는 제목을 붙들고 절박한 마음으로 기도하고 있었다. 1996년 존 로스의 고향 교회에서 열린 '한영 특별 부활절 행사'를 계기로 착안한 박사학위 논문 중요 주제(존 로스를 선교적으로 연구하는)를 놓고, 당시 석사과정 지도교수인 앨런 메인(Alan Main)은 해당 주제로 공부하는 것이 하나님의 뜻이라고 계속 다그치셨다. 나는 이 강권하심이 정말 하나님의 뜻인지 진지하게 묻는 기도를 계속했다. 기도 응답이 지연되자 나는 하나님께 기드온의 양털 시험과 같이 선명한 2가지 징조를 구하는 기도를 5개월간 집중적으로 드렸다. 그리고 마침내 두 가지 징조 모두 멋지게 응답받는 놀라운 간증 거리를 갖게 됐다.

그 당시 내가 구한 '2가지 기드온의 양털 징조'는 첫째, 박사과정의 모든 등록금 일체를 하나님이 직접 공급하신다는 분명한 사

인생_영원한 것에 인생을 투자해라

인을 받는 것이요. 둘째, 박사과정을 공부하는 3~4년 동안 쌍둥이 아들 둘이 영국 최고의 교육기관에서 공부할 수 있는 교육적 환경을 제공 받는 것이었다. 이 2가지를 하나님은 완벽하게 응답하셨다. 두 아들은 스코틀랜드 제3의 도시 애버딘 최고 명문 로버트 고든 사립중고등학교(Robert Gorden's College)에 100% 장학생으로 편입학한 후 전과목에 탁월한 학업성취를 보인 끝에 케임브리지대학교 물리학과(Natural Sciences at Jesus College)와 경제학과(Economics at Trinity Hall)에 나란히 합격했다. 이 이야기는 이미 신애와 주혜도 여러 번 들어서 대강 알고 있었을 것이다.

이상에서 보듯이 나는 부모가 자녀를 향한 확고한 교육관·인생관·세계관을 갖고, 하나님께 분명한 삶의 우선순위를 두며 살아가는 일이 가장 중요함을 확실하게 경험했다. 나는 결코 자녀 교육에만 모든 것을 걸고 기도하거나 집중하지 않았다. 나의 최고 관심사와 기도 제목은 한국교회의 선교 발전을 위해 이바지할 수 있는 박사논문을 완성하는 것이었고, 장로교 발상지인 스코틀랜드에 하나님의 나라가 온전히 임하는 것이었다. 그 일을 위해 먼저 하나님의 나라와 그의 뜻을 구하는 세계를 품은 기도를 한 것이 전부였다. 그 과정에서 두 쌍둥이 아들이 케임브리지대학교에서 전액 장학금으로 공부한 것은 하나님께서 보너스로 베푸신 상급이었다고 고백할 수밖에 없다. 하나님이 다 하셨다. 할렐루야!

에필로그

아버지는 만 20세 때 하나님을 만나 삶이 완전히 변한 후 예수 그리스도의 복음을 유럽, 아프리카, 남미 등 땅 끝까지 전하는 다이내믹한 인생을 살아오셨습니다. 우리 쌍둥이 형제를 키우시면서도 아버지의 최우선 순위는 강건한 신앙인인 하나님의 사람으로 우리를 양육하는 것이었습니다. 그래서 우리 두 형제는 중고등학교 시절 내내 하루도 빠지지 않고 6시 새벽기도와 7시 아침 조깅 운동을 했습니다. 학교를 다녀온 후 저녁 7시에는 매일 가정예배를 드렸습니다. 처음에는 그렇게 싫었던 그 시간들이 나중에는 우리에게 없으면 허전하고 빼먹으면 안 되는 소중한 시간이 되었습니다. 하나님의 전적인 은혜로 우리 두 형제가 나란히 케임브리지대학교에 입학해 기숙사 생활을 하면서도 그 습관을 계속 이어갔고 균형잡힌 삶을 살 수 있었습니다. 이제 세 자녀의 아버지가 된 지금, 우리 가정에서도 이런 선한 습관들을 하나둘씩 아이들과 실천하려 애쓰고 있습니다.

어려서부터 유별난 장난꾸러기였던 나는 아버지에게 많이 혼이 나기도 했습니다. 아버지는 항상 훈육을 하고 나면 왜 혼나고 맞았는지 성경 말씀을 통해 친절히 가르쳐 주셨지요. 지금은 그 일이 얼마나 감사한지 모릅니다. 그렇게 나는 어려서부터 말씀에 기반한 올바른 훈육의 중요성을 배울 수 있었습니다. 지금도 아이들에게 "자식을 사랑하는 자는 근실히(부지런히) 징계하느니라"는 잠언 13장 24절 말씀을 실천하고 있습니다.

아버지는 인생에서 본질과 비본질적인 것들을 분명히 구분하라고 가르쳤습니다. '아들들이 열심히 공부해서 출세하는 것'은 비본질적인 것으로 아버지의 관심사 밖이었습니다. 그래서 동생과 나는 크면서 공부 안 한다고 혼난 적은 한 번도 없었고, 서로 싸운다고 야단을 맞았을 뿐입니다. 매일 6시 가정 새벽기도와 7시 아침 조깅 운동, 저녁 7시 가정예배에 충실하다보니 공부는 거짓말처럼 그냥 자연스럽게 따라왔습니다. 지금도 영국에서 직장 생활을 하고 있지만 나의 관심사는 '집 한 채, 차 한 대'로 대표되는 소위 '아메리칸 드림'을 이루는 것이 아닙니다. 매일 저녁 아이들과 함께 '분단의 고통 속에 있는 대한민국과 영국 교회의 부흥'을 위해 기도하고 있습니다. 어떻게 하면 한국과 영국 교회의 부흥에 조금이나마 일조를 할 수 있을지가 우리의 관심사입니다.

아버지는 유달리 '세계적'인 것을 좋아합니다. 여기서 세계적이라는 말은 '국경을 뛰어넘어 세계 어디에 가도 뒤지지 않을 만큼 좋은 것'을 뜻합니다. 아버지는 무엇이 정말 좋으면 "이야, 그거 정말 세계적이다"라는 말을 반사적으로 하시지요. 그리고 항상 "제일 한국적인 것이 가장 세계적이다"라고 말씀하셨습니다. 그렇게 아버지는 매일 예배 시간 때 가정과 교회에서 그치지 않고 나라와 민족, 세계를 품는 기도를 빠뜨리지 않고 하셨습니다.

아버지는 심지가 곧은 분입니다. 올림픽 금메달을 따거나 기네

스북 기록을 깰만한 소질이나 솜씨는 아니더라도, 처음 마음이 변하지 않고 꾸준하기로는 '세계적'입니다. 그런 모습을 가까이 보면서 심지가 곧은 것이야말로 인생 마라톤에서 제일 중요한 요소임을 깨닫고 있습니다.

아버지는 남이 잘 되는 것을 진심으로 좋아하고 축하하는 분입니다. 그래서 어렸을 때 나는 세상 모든 어른들이 다 그런 줄 알고 살았습니다. "사촌이 땅을 사면 배가 아프다"라는 속담이 잘 이해가 안 되었습니다. 그런데 조금씩 나이를 먹고 사회생활을 하다보니 대부분의 사람들이 배 아픈 것을 겉으로 티나지 않게 잘 숨기고 있다는 사실을 알게 되었습니다. 진심으로 남을 축하하며 잘되는 것을 좋아하는 사람을 만나기는 쉽지 않았습니다. 혹자는 사랑을 '남이 잘 되는 것을 진심으로 원하고 기뻐해 주는 것'이라고 정의하기도 합니다. 그렇게 보면 우리 아버지는 그 누구보다 남을 위한 사랑이 많은 분이었습니다.

이 책은 파라과이에서 아버지가 매주 써주신 편지를 엮은 것입니다. 어떤 경우에는 하루에 두 번 쓰신 적도 있습니다. 아버지는 좋은 글귀를 읽거나 들었을 때 우리에게 조금이나마 도움이 될 내용들이면 바로 이메일로 당신의 생각을 보태서 보내주셨습니다. 전화나 영상을 통해서는 마냥 무뚝뚝하게만 보이셨던 아버지였지만 이런 글들을 통해서 우리를 향한 당신의 깊은 사랑을 나름대로 표현하셨던 것입니다. 이런 우리를 향한 사랑을 담은 글이 한 권의 책이 되어 더 널리 읽혀 많은 사람들에게 유익을 줄 수 있게 되어 얼마나 감사한지 모릅니다. 한 편 한 편의 글 속에는 아버지가 깨달은 아름다운 삶의 비결이 숨겨져 있습니다. 처음에는 잘 몰랐지만 나이를 먹고 세상 경험이 쌓일수록 글 속에 담겨 있는 지혜가 보석같이 다가왔습니다. 책 속에 담겨 있는 성경적 삶의 원리 그대로 아버지는 우리를 키우셨고, 그 가르침을 통해 하나님께서 우리를 여기까지 인도하셨음을 고백합니다. 독자 여러분들도 이 책을 통해 많은 유익을 누리게 되기를 기도합니다.

배홍철(큰아들)

같은 행동을 하더라도 동기가 무엇이냐에 따라서 그 행동의 무게와 결과는 달라집니다. '스코틀랜드 새벽기도 운동 주역', '경건훈련의 본을 보이는 선교사님', '가정에서 본을 보이신 아빠' 등 아버지에 대한 여러 수식어가 있지만 나는 이 모든 것의 뿌리가 되는 아버지의 내면세계에 대해서 이야기하길 원합니다. 무엇이 가난한 불신자 농부의 가정에서 태어나 20세에 예수님을 만난 아버지로 하여금 반세기가 지난 지금까지 늘 청정한 열매를 맺는 나무와 같은 삶을 살게 했을까요? 그 원동력은 무엇인가요? 그 답은 바로 십자가 복음의 내면화입니다.

내가 가장 소중하게 간직하고 있는 아버지의 모습 중 하나는 새벽에 기도하고 찬양하며 우는 모습입니다. 아버지는 원래 눈물이 많지 않은 한국의 전형적인 아버지 모습 그대로입니다. 하지만 하늘 아버지 앞에서는 어린아이같이 십자가 은혜에 감격해서 우십니다. 나도 은혜를 조금씩 깨닫게 되면서 이것이 신앙생활의 핵심적인 모습 중의 하나임을 실감하고 있습니다.

"설교 잘하려면 먼저 설교 잘하려는 마음을 내려놓아야 한다." 30대 중반에 말씀 사역자의 길을 막 내딛는 나에게 주신 조언 중 하나입니다. 사역을 할수록 이 말씀의 의미가 깨달아지고 있습니다. 내가 아무리 몸부림쳐도 주님의 은혜가 없이는 아무것도 아님을 온전히 고백하게 됩니다. 주님보다 사역에 마음을 빼앗기면 사역자는 모든 것을 잃고 맙니다. 사역의 열매도 주님께서 주신 것이고 나는 무익한 종일뿐입니다. 십자가 밑에서 참된 자유를 경험한 후에야 배부른 배고픔과 기쁨의 애통함을 가지고 열매에 연연하지 않고 사역할 수 있게 되었습니다. 팀 켈러가 말하는 '복음의 날카로움'을 유지할 수 있는 비결이 바로 여기에 있음을 깨닫고 있습니다.

경건의 훈련은 은혜의 복음을 담아내는 그릇일 뿐이요. 구원의 근거도, 자랑의 이유도 될 수 없습니다. 이것을 놓치면 경건훈련이 오히려 독이 될 뿐입니다. 나보다 먼저 십자기의 길을 걷고 있는 아버지는 쓰임 받는 사역자가 되기 위해 경건훈련에 몸부림을 치셨습니다. 신구약을 통해 드러나는 십자가 복음을 제대로 알기 위해서 맥체인성경읽기 방법으로 성경 전체를 읽어야 함을 강조하며 실천하고 있습니다. 하지만 경건훈련을 토대로 우월감에 빠지거나 남을 판단하지 않았습니다. 늘 자신의 부족함을 살피며, 타인의 강점을 보고 격려하려고 노력했습니다. 진심으로 남을 나보다 낮게 여기시는 모습은 내가 가장 본받고 싶은 아빠의 모습

중 하나입니다.

은혜 안에서 자유할 때 서로 연약함을 고백할 수 있습니다. 은밀한 죄 때문에 고민하다가 속마음을 털어놓은 적이 있을 정도로 아버지는 내 신앙의 멘토이기도 합니다. 아버지는 요한일서 1장 말씀을 펴놓고서 부드럽게 나를 위로하며 정죄하지 않았습니다. 이미 다 암송하다시피 한 말씀이었는데도 얼마나 힘이 되었는지 모릅니다. 진정한 경건과 능력은 의로운 행실을 쌓아 놓고 내가 더 높이 쌓았다고 자랑하는 것이 아니라, 서로 죄를 고백하고 상대를 위해 기도하는 것임을 직접 보여주신 것이죠. 아버지는 어떻게 해서든지 두 아들이 은혜 안에서 속사람이 강한 자들이 되길 바라셨고 그 길을 잘 보여주시는 분입니다.

이런 아버지의 리더십은 어떤 상황에서도 당신을 믿어주고 든든한 동역자로서 함께해 주는 어머니로 인해서 빛이 나고 있습니다. 사실 아버지는 어머니와 결혼한 것을 인생의 가장 큰 복으로 여기고 계십니다. 십자가 안에서 서로 긍휼히 여기는 가운데 두 분은 멋진 팀을 이루셨고, 그 팀워크를 통해 주님께서 역사하고 계심을 감사하고 찬양합니다. 복음에 대한 어머니의 열정은 때로는 아버지보다 더할 때가 적지 않습니다. 두 분이 환갑을 훨씬 넘어 처음으로 스페인어를 배우셨음에도 선교지 파라과이에서 거리 전도를 통해 지금도 많은 영혼을 주님께로 인도하고 있습니다.

우리 부부도 자녀들에게 이런 유산을 남기길 소망하고 있습니다. 십자가 은혜에 감격하여 일평생을 주님의 복음을 위해 헌신한, 주의 손에 붙들린 부부로 기억되고 싶습니다. 아버지의 삶에 들어온 복음의 씨앗을 열매 맺게 하시고, 이를 통해 대를 이어 우리 가정에 복을 주신 주님께 감사를 드립니다.

배홍수(작은아들)

결혼과 선교 사역, 하나님이 인도하셨어요

박옥산 사모 인터뷰 (대담: 배홍철 큰아들)

 엄마, 결혼은 어떻게 하셨나요?

결혼한 지 40년이 지났다. 두 아들이 결혼해서 벌써 손주가 7명이니 그저 하나님께 감사드릴 뿐이다. 내 결혼 얘기를 해보자면, 친정어머니는 막내딸 결혼을 위해 10일 작정금식을 하셨는데 그때 연세가 68세셨다. 후에 신랑감을 처음 만나셨을 때 "당신이 내가 꿈에 본 바로 그 청년이다" 하시며 그렇게도 기뻐하셨다.

 재정관리는 어떻게 하셨나요?
십일조는 어떻게 하셨고 자녀들에게 가르쳤나요?

어머니는 나에게 결혼 준비할 때 사용한 비용에서도 품목별로 십일조를 떼라고 하셔서 결혼 3년 전에 샀던 피아노를 가져가면서도 그 값을 계산해 십일조를 뗐다. 어머니는 결혼식 축의금에서도 십의 이조를 떼서서 십일조는 어머님 본 교회에, 또다른 십일조는 우리가 결혼한 교회에 헌금하셨다. 후에 두 아들을 결혼 시킬 때 나 역시 똑같이 따라 했다. 둘 다 2011년 같은 해에 결혼을 했다.
나는 지금까지 아들들에게 세상 초등 학문으로 인해 교만하지 말 것을 늘 상기시키며 살아왔다. 그리고 무엇보다 하나님께 온전한 십일조를 바치라고 가르쳤다. 감사하게 지금까지 아들들은 십의 일조는 교회에 헌금하고, 다른 십의 일조는 부모님께 드리고 있다. 결혼 후에는 양가 부모님께 나눠서 드리고 있다.

 어떻게 전도에 대한 열정을 가지시게 되었나요?

초등학교도 안 나오신 우리 어머니는 항상 손에 성경을 갖고 사셨다. 다니시던 교회가 지방에서 큰 교회였는데 전도왕 타이틀을 몇 번씩이나 받으실 정도로 전도에 대한 열정이 있으셨다. 넉넉하지 않은 살림에도 손 대접에 특별한 은사가 있으신 분이셨다. 선교지에서 코로나 등의 핑계를 대며 게을리하고 싶은 마음이 들 때도 어머니를 생각하며 나 자신을 채찍질하고 있다.

 친정 어머니에 대한 마지막 기억은 무엇인지요?

우리 가족이 영국 유학 중일 때 어머님이 소천하셨다. 나는 그때 영국에서 직장을 다니느라 장례식에 참석하기 위해 한국에 들어가지도 못했다. 며칠 지난 후에 남편 꿈에 돌아가신 어머님이 하얀 옷을 입고 나타나셨다는 얘기를 듣고 천국에 계신 어머님을 생각했다. 항상 성실하게 가정을 돌보고 정성껏 신앙생활을 했던 모습을 본받기

에필로그

위해 애쓰고 있다.

 ## 어떻게 아프리카에서 파라과이로 선교를 하게 되셨나요?

영국에서 하나님 은혜로 박사 공부를 마치고 곧바로 아프리카에 선
교사로 갔다. 탄자니아 수도인 다르에스살람 시내에서 차로 1시간
정도 떨어진 신학교 내에 사택을 짓고 살면서 신학생들과 새벽기도
부터 시작해서 함께 공동생활을 했었다. 매일 감사하면서 지냈는데
가끔 뱀이 나타나서 너무 힘들었다. 기도하려고 눈만 감으면 뱀이 보
이고 나중에는 식탁에 있는 젓가락까지 꿈틀꿈틀하는 뱀으로 보일
정도였다. 언제까지 뱀 타령만 할 거냐는 남편의 말에 제대로 얘기도
못했다.

선교 한 텀을 마치고 안식년으로 한국에 들어온 후, 내가 다시는 그
사택으로 안 들어가겠다고 반대하는 바람에 선교지로 나가지 않고,
네 아버지가 한국에서 신학교 교수 사역을 하면서 군인 교회를 섬겼
다. 그러면서 나는 58세 때 M대학교 야간 3학년으로 편입해 사회복
지사 2급 자격증을 따고 상담사 공부도 꾸준히 하면서 고국에서 노
년을 보람되게 살려고 나름대로 준비하고 있었다. 그러는 중에 남편
은 아프리카에 다시 나가고 싶다고 했지만, 나는 다르에스살람 시내
는 몰라도 우리가 살던 사택으로는 안 가겠다고 극구 반대했다. 그
문제를 놓고 계속 기도하는데 성령님께서 '그깟 뱀 때문에 남편한테
순종하지 않는 나'를 보게 하셨다. 모든 두려움과 내 생각을 내려놓

고 회개하며 기도하고 남편에게 선교지로 가겠다고 얘기했다. 그 때 하나님께서 내 마음에 큰 기쁨을 주셨다.

61세에 한국어 교사 자격증 공부를 C대학에서 시작했다. 그렇게 차근차근 선교지 복귀 준비를 하고 있던 중이었다. 일찍 은퇴하시고 남미 파라과이 선교사로 나가셨던, 집 옆에 있던 교회 목사님이 방문차 들어오셔서 "파라과이로 오셔서 신학교 사역을 도와달라"고 남편에게 간청을 하셨다. 선교를 위해 기도하던 남편의 마음은 거의 설득이 된 상태였다. 하지만 내 생각에는 같은 교단도 아니고, 60이 훨씬 넘은 나이에 영어도 아닌 스페인어를 새로 배워야 한다는 상황이 엄두도 안 나고 맘에 내키지 않았다.

그러던 차에 그 목사님이 동생 선교사님과 함께 우리를 만나러 온다는 연락을 받고, 미리 3일 금식기도를 하면서 두 가지 사인을 통해 확실한 응답을 주시길 기도했다. 그중 하나는 "그곳에서 한국어 교사가 꼭 필요하다"라는 요청을 먼저 해오면 응답으로 받겠다는 것이었다. 두 분이 오셔서 얘기하는 도중에 그곳에서 학교 사역을 하시는데 한국어를 배우길 원하는 학생이 워낙 많아 전담 한국어 선생이 꼭 필요하다는 얘기를 먼저 꺼내셨다. 또 다른 기도 제목도 바로 응답해 주셨다.

그렇게 정확한 응답을 받았으니 이것저것 따지지 말고 남미로 가자고 합의해서 파라과이로 오게 된 것이다. 그 시간이 벌써 7년이 되었다. 그동안 아버지 하나님께서는 우리의 사역을 놀랍게 인도하셨다.

아버님과의 첫 만남은 풋풋한 대학교 신입생 때였습니다. 당시 탄자니아 선교를 하고 계시던 현재 시아버님께서, 훗날 남편이 될 같은 대학교 남학생과 다니던 교회에 오셔서 설교를 하셨습니다. 그때 말씀을 전하던 아버님의 모습이 지금도 생생하게 기억이 납니다. 수염을 기르신 이국적인 강한 이미지에다가 설교 중에 열정적으로 큰 소리를 지르시는 모습에 처음에는 솔직히 조금 겁이 나기도 했었습니다.

하지만 4년이라는 대학 생활을 통해 쌍둥이 형제를 더 잘 알게 되면서, 두 형제의 아버지인 배 선교사님을 더더욱 존경하게 되었습니다. 두 형제가 아버님과 약속을 했다며 거의 하루도 빠짐없이 매일 새벽 예배와 아침 운동을 하고 우리 또래 대학생들 가운데 찾기 어려운 훈련된 생활과 어린아이와 같은 순수한 믿음을 가진 것을 옆에서 지켜볼 수 있었습니다. 그런 모습에 반해 남편과 사귀기 시작했습니다.

졸업하고 몇 년 후 남편과 결혼을 하게 되면서 아버님을 더 가까이 알게 되었습니다. 그러면서 아버님께서 결코 무서운 분이 아니라는 것도 깨달았습니다. 하나님을 향한 어린아이와 같이 순수한 믿음, 나이가 들어도 변하지 않는 청년 같은 뜨거운 열정, 그리고 무엇보다 정이 많으신 분이셨습니다. 은퇴를 생각할 나이에 머나먼 파라과이 선교를 다짐하셨을 때는 참 놀라웠고, 60이 넘으셔서 새로운 언어를 배우시며 목회를 하시는 모습에 엄청난 도전을 받았습니다. 하나님을 진정으로 섬기는 일꾼에게는 정말 불가능이 없구나라는 생각이 들었답니다.

그 바쁜 와중에서도 파라과이에서 두 아들과 며느리들한테 매주 빠짐없이 이메일로 편지를 한 통씩 쓰시면서 그동안 경험해 오신 인생의 조언을 하시기 시작했습니다. 젊은 우리에게 힘과 도전이 되는, 인생의 길잡이와 같은 글들이었습니다. 우리만 알고 성공적인 인생을 살기에는 너무 아까운 마음에 가족들이 아버님께 출간을 제안하면서 이 책이 나오게 되었습니다. 이 책을 읽는 모든 분들, 특히 젊은 사람들에게 유익한 힘과 격려가 될 것을 기대하고 있습니다.

강신애 (큰 며느리)

평소에 작은 수첩과 펜을 늘 품에 지니고 다니며 무엇이든 메모하기 좋아하는 아버님께서 꾸준히 해오신 글쓰기를 통해 또 한 권의 책이 탄생하게 되었습니다. 이번 책은 수년에 걸쳐 자녀들에게 보내주신 편지를 엮은 것으로 아버님의 인생관, 신앙관, 자녀 교육관을 엿볼 수 있습니다.

남편 배홍수를 만나 결혼한 지 만 10년이 되었습니다. 남편과 함께 살면 살수록 하나님을 정말 사랑하고 경외하는 사람, 말씀에 순종하고 그에 따라 살고자 몸부림치는 사람임을 느끼고 있습니다. 이렇게 성장할 수 있었던 것은 부모님의 철저한 신앙교육과 인성교육이 뒷받침되었기에 가능했다고 생각합니다.

사실 아버님께서 강조하시는 부분은 단순명료합니다.

첫째는 하나님을 최우선으로 사랑하고, 열방을 품는 것입니다. 아버님과 어머님은 매일 새벽을 깨우시며 찬양과 말씀, 기도로 하루를 시작하십니다. 가정을 넘어 나라와 민족, 세계를 품고 기도하며 사역하고 계십니다.

둘째는 자기 관리 차원에서 잘 먹고, 잘 자고, 규칙적인 운동을 하는 것입니다. 아버님의 남다른 조깅 사랑 덕분에 어머님께서도 꾸준히 운동을 하며 주변 분들에게 운동 전도사로 건강한 영향력을 끼치고 계십니다. 오죽하면 아버님의 소원 중 하나가 며느리들과의 마라톤 완주일까요.

셋째는 나보다 남을 더 낫게 여기며 이타적인 삶을 사는 것입니다. 아버님은 남이 잘 될 때 함께 기뻐하는 분이고 그렇게 되도록 힘써 돕는 분입니다.

아버님과 평생을 사역하고 계신 어머님은 지혜가 많으신 분입니다. 이 지혜의 원천은 말씀을 사모하시며 사소한 일 하나도 늘 하나님께 기도로 여쭙는 습관에 있다고 생각합니다. 이 밖에도 아버님께서 몸소 보여주신 삶의 본보기들이 많습니다. 이 책이 나옴에 따라 저와 자녀들이 언제든지 펼쳐 볼 수 있는 인생의 참고서를 갖게 되어 기쁩니다.

결혼 후 부모님께서 처음으로 신혼집을 방문하실 때 가훈으로 삼을 성경구절이 적혀있는 큰 액자를 선물로 주셨습니다. 놀랍게도 그 말씀이 제 친정에서 할아버지 때부터 내려온 가훈과 동일한 구절이었습니다. 바로 데살로니가전서 5장 16~18절 말씀인 "항상

기뻐하라 쉬지 말고 기도하라 범사에 감사하라"였습니다. 이 성경
의 가르침대로 사시는 본을 보여주신 양가 부모님을 따라 저희 가
정도 말씀대로 살며 믿음의 가문을 이어나가길 소망합니다.

장주혜 (작은 며느리)

큰아들 배홍철 가족

배안호 선교사 부부와 작은아들 배홍수 가족

아들아, 이렇게 살아라

초판 1쇄   2022년 7월 17일

지 은 이 _ 배안호
펴 낸 이 _ 이태형
펴 낸 곳 _ 국민북스
편   집 _ 김태현
디 자 인 _ 서재형

등록번호 _ 제406~2015~000064호
등록일자 _ 2015년 4월 30일

주   소 _ 경기도 파주시 와석순환로 307, 1106~601 우편번호 10892
전   화 _ 031~943~0701
팩   스 _ 031~942~0701
이 메 일 _ kirok21@naver.com
ISBN 979-11-88125-43-2(03230)